AF611149

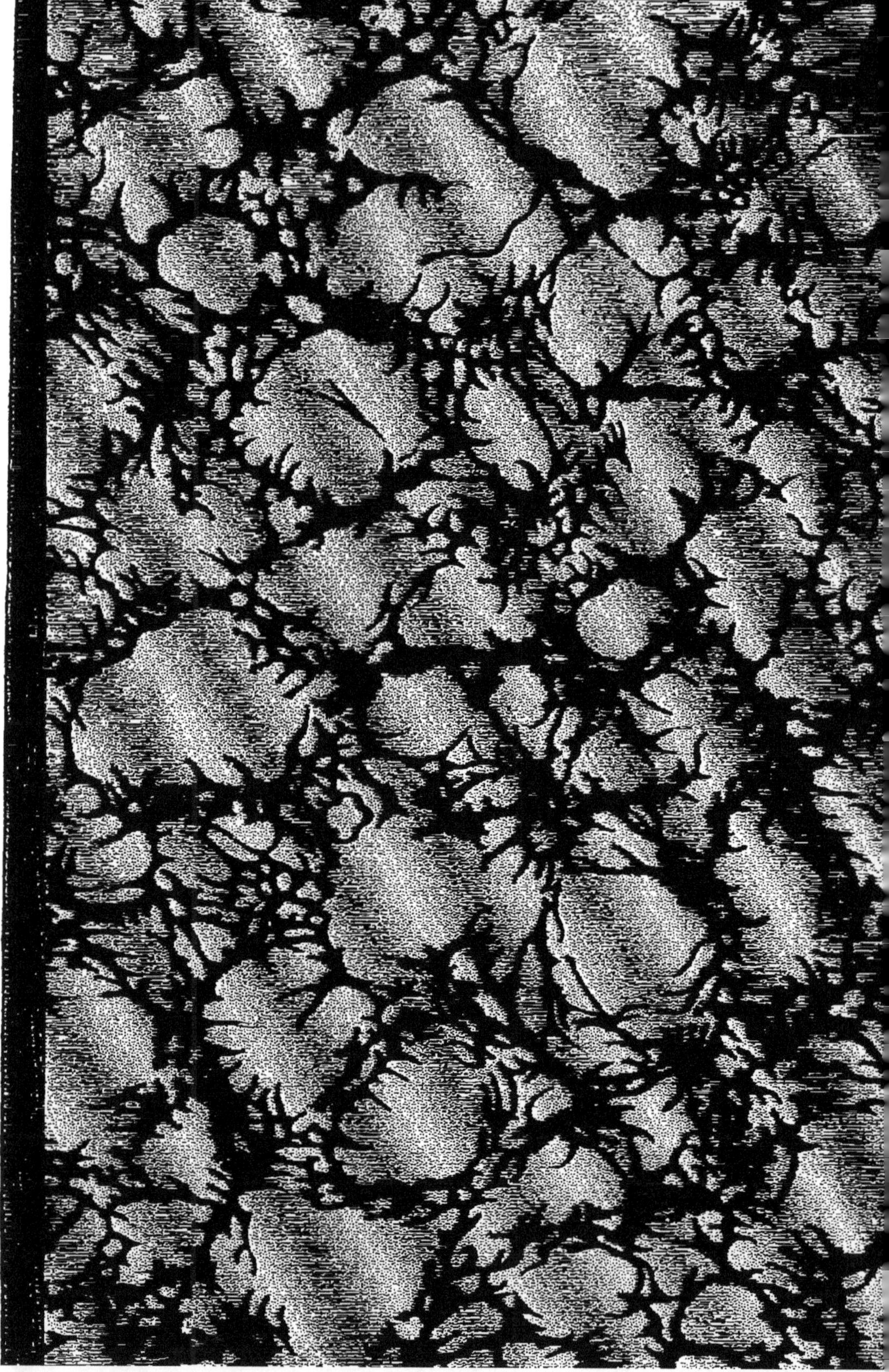

ISABELLE
DE CASTILLE

PARIS. — IMP. SIMON RAÇON ET COMP., RUE D'ERFURTH, 1.

ISABELLE
DE CASTILLE

GRANDEUR ET DÉCADENCE

DE L'ESPAGNE

PAR

M. CAPEFIGUE

PARIS

LIBRAIRIE D'AMYOT, ÉDITEUR

8, RUE DE LA PAIX

MDXXXLXIX

Dans la cathédrale de Grenade, splendide débris de l'art mauresque, près de l'autel de Santiago, se trouve la *Capilla real* (la chapelle royale). Sur un sarcophage de marbre de Carrare, blanc comme un linceul, don Ferdinand, roi d'Aragon et sa femme Isabelle, reine de Castille, sont couchés, la tête appuyée sur un riche coussin de velours; Isabelle porte la couronne au front comme Blanche de Castille, la mère de saint Louis; un riche manteau la couvre tout entière, deux lions de pierre sont couchés à ses pieds. On vous montre encore le sceptre d'Isabelle et l'épée du roi Ferdinand, marqués au blasons de Castille et d'Aragon. Tout autour du tombeau sont les apôtres qui vous regardent de leurs yeux fixes et rongés par le temps. Ce tombeau fut commandé par Charles-Quint, le petit-fils d'Isabelle et de Ferdinand.

On peut admirer aussi un missel couvert d'ivoire, enluminé de miniatures : saints en extase, petits oiseaux qui becquètent les fruits et les fleurs, ermitages sur les collines, rois maures enchaînés, chevaliers couverts d'armures. C'est dans ce missel que le grand empereur lisait ses prières; il a la forme à peu près de celui de Charlemagne ou de Charles le Chauve qu'on retrouve dans nos musées.

Isabelle la Catholique est une des figures les plus douces, les plus glorieuses de l'Espagne. Les chroniques arabes et castillanes célèbrent à l'envi la beauté, les grâces de la reine : « Sa taille, dit un auteur mauresque traduit par Conde, était droite comme un palmier, son visage pâle, que coloraient les moindres émotions, ressemblait à une couronne de jasmin, tressée avec les fleurs du laurier-rose. » A cette beauté particulière, Isabelle joignait le courage de la chevalerie; elle commandait au siége de Grenade. On retrouve encore aujourd'hui la ville de Santa-Fé, bâtie par ses ordres en quatre-vingts jours autour de Grenade pour remplacer le camp incendié où se donnaient les tournois et les passes d'armes.

C'est à Isabelle que l'Espagne doit sa délivrance du joug des Maures : montée sur sa haquenée, elle brillait à la tête des chevaliers de l'ordre de Calatrava. Devant elle, debout, était Gonsalve de Cordoue, *le grand capitaine*, qui portait l'étendard de Castille : à ses côtés le cardinal de Mendoza, son conseil, et Ximenès, l'homme d'État si éminent, l'honneur des Castilles. Au siége de Grenade, à ce camp improvisé (Santa-Fé) un homme, couvert d'une longue robe génoise, partout repoussé, était venu s'adresser à la reine de Castille, comme à son dernier espoir.

C'était Christophe Colomb, s'offrant à découvrir un nouveau monde. Isabelle l'écouta avec bienveillance, lut son mémoire, lui tendit la main, et quand tout le monde traitait Colomb d'aventurier, quand on lui opposait la pénurie du trésor royal, Isabelle s'écria dans son enthousiasme : « Pour les frais de cette expédition, j'engagerai mes bijoux et ma couronne de pierreries. »

A Isabelle l'on doit encore la plus célèbre des institutions de l'Espagne, l'association qui la sauva du désordre, de l'anarchie, la *Santa-Hermandad* (la sainte fraternité), loi de solidarité la plus absolue. Chaque frère prêtait secours et protection à tout Espagnol, vieux chrétien des villes et des campagnes : on devait indemnité à toute cité pillée, à toute maison dévastée, à tous champs désolés par les inondations ou le feu. Cervantes, dans *Don Quichotte*, ne laisse jamais passer une occasion de louer la Sainte-Hermandad, et Sancho Pança, bon laboureur, s'agenouille devant la confrérie qui protége ses champs.

Avec la Sainte-Hermandad, Isabelle introduisit en Espagne le saint-office. Nous avons l'habitude en histoire de ne pas adopter les opinions toutes faites et surtout les déclamations ; il faut examiner avec sang-froid les mœurs, les institutions d'un temps, les nécessités d'une époque, alors souvent tout s'explique et se justifie. Un pouvoir n'est pas inflexible par plaisir, par caprice, mais par nécessité : les ogres n'existent que dans les contes de fées. En politique, il n'y a pas d'hommes qui, par caprice, mangent de la chair fraîche.

On peut compter deux périodes dans l'histoire de l'inquisition. A la première, elle rend d'immenses services : Ferdinand et Isabelle venaient de délivrer l'Espagne : mais les Maures couvraient encore le sol ; il fallait les surveiller. Toujours en rapport avec les Arabes d'Afrique, ils les appelaient incessamment à leur aide; ils conspiraient pour reprendre l'Andalousie, cette terre si désirée par l'Arabe, qui regrettait les belles campagnes arrosées par le Guadalquivir. C'était leur droit de l'espérer, mais aussi, le droit et le devoir du gouvernement étaient de les surveiller et de les punir; chaque fois qu'il y a péril pour un État, on crée des tribunaux extraordinaires, des juridictions exceptionnelles. Dans les temps tout religieux, le signe de la nationalité espagnole c'était le catholicisme : le titre de vieux chrétien était synonyme de citoyen. Le saint-office fut chargé de la police d'État contre ceux qui n'acceptaient pas la loi de la patrie. Dans les temps modernes cela s'est vu en politique; la France a eu ses comités de salut public et le tribunal révolutionnaire.

A la seconde période, l'inquisition, pouvoir inutile à l'État, devient un tribunal de théologie tracassière; elle poursuivait l'hérésie qui, dans les sociétés constituées sur des principes religieux, est un danger. Dans les temps politiques, les monarchies poursuivent les républicains, les républiques proscrivent les monarchistes. Ce qui peut beaucoup étonner, c'est que même à l'époque de sa décadence, l'inquisition garde sa popularité parmi les grands esprits. Lope de Vega fut le chef des familiers du saint-office, Calderon fut un de ses membres les plus ardents, portant la bannière aux auto-da-fé. Velasquez se glorifie de ce titre; Murillo peint les fleurs, les saints qui brillent sur le *san-benito*, et Zurbaran emprunte ses plus belles têtes aux dominicains de la sainte foi.

Sans l'inquisition surveillante, protectrice, l'Espagne n'aurait pas fait les grandes choses de son histoire; déchirée par les opinions de l'intérieur, elle n'aurait pas organisé les Amériques; le règne de Charles-Quint n'aurait pas été aussi glorieux; elle n'aurait pas salué cette sévère figure de Philippe II, l'intelligence la plus haute, la plus puissante, la force d'unité; elle n'aurait pas gagné la bataille de Lépante et sauvé l'Europe chrétienne. Le catholicisme fut sa force et produisit les grands hommes. Don Juan d'Autriche, le crucifix à la main, détruisait la puissance ottomane. Le duc d'Albe, héros à la barbe blanche, réprimait les Flamands et réalisait l'union ibérique par la conquête du Portugal.

Contre cet esprit d'unité luttèrent toujours les provinces qui défendaient leurs privilèges et *fueros* : ces libertés venaient d'abord des Visigoths et des conciles qui se transformèrent dans l'institution des cortès. Comme sous l'héroïque Pélage, chaque État de l'échiquier espagnol avait combattu avec énergie contre les Maures; tous voulaient conserver leurs privilèges et la liberté large et grande, en termes fiers contre les rois, comme dans les fueros de l'Aragon : *Nos que valemos tanto como vos y podemos mas que vos, os elejimos rey con tal que guardareis nuestros fueros y libertades, y entre vos y nos un que manda mas que vos; sino, no!* « Nous qui valons autant que vous et qui pouvons plus que vous, nous vous élisons roi, à la condition que vous garderez nos lois et nos libertés, et qu'il y aura entre vous et nous quelqu'un qui pourra plus que vous : sinon, non! » Y avait-il quelque chose de plus hautain que la *Justicia*, magistrature d'une indépendance absolue, dictature appelée à protéger le droit des peuples contre les rois?

En invoquant ces principes, les *comuneros* se révoltèrent à l'avénement de Charles-Quint, et à la tête de cette patriotique sédition se montra Padilla, d'une illustre famille castillane, et doña Maria Pacheco, sa courageuse femme. Avec eux apparaît la sombre figure de Jeanne la Folle (la loca), la fille d'Isabelle, que les révoltés entourent de respect et proclament reine. La pauvre insensée s'était retirée dans la tour de Tordesillas; elle avait baigné de ses larmes le cadavre de don Philippe, son époux, si tendrement aimé : les comuneros proclamèrent Jeanne leur suzeraine.

La grandeur de Charles-Quint, loin de profiter à l'Espagne, l'amoindrit : l'Empereur l'épuisa en hommes et en argent pour servir sa cause en Flandre, à Naples, en Italie, en France. Le roi véritablement espagnol fut Philippe II; cette figure hautaine et austère représente et absorbe les grandeurs de la monarchie. Ses successeurs Philippe III, Philippe IV ont des caractères particuliers; ils aimèrent les arts, les distractions, les plaisirs. Phippe IV fait des comédies avec Calderon, protége Velasquez, inspire Murillo. Son front sombre se déride un peu à l'aspect des baladines qui dansent la cachucha des Bohémiennes : les désirs impétueux, retenus par la dévotion, éclatent dans des passions subites et étranges. Charles II s'épuise dans cette lutte entre la dévotion et les ardeurs des sens. La maison de Bourbon monte sur le trône d'Espagne par un testament arraché à la faiblesse, conquis par l'habileté. Ce fut précisément un malheur pour l'Espagne. Qu'avaient de commun les

Bourbons avec le caractère espagnol? Versailles ressemblait-il à l'Escurial? Il faut voir ce pauvre jeune homme, Philippe V, bâillant d'ennui, le crâne écrasé par le cérémonial dans l'Escurial, couvent plutôt que palais : où sont les pelouses de sa jeunesse, les bosquets de ses amours, les ravissantes demoiselles d'honneur de la reine ou de Madame? Désormais, l'Espagne est l'auxiliaire de la France : le *pacte de famille* est signé. Elle reste même dans cette situation sous la république française ; elle en devint l'alliée ; elle joint ses flottes à celles de l'empereur Napoléon et les sacrifie à Trafalgar.

Ce ne fut qu'après le triste et honteux événement de Bayonne que la vieille Espagne put se réveiller. Les provinces se couvrirent de guerillas, qui saccagèrent partout ; *la guerre au couteau* fut le cri héroïque de Saragosse et de Palafox. Les cortès convoquées à Madrid se rassemblèrent à Séville ; à Cadix, elles formulèrent la constitution de 1812.

Dans cette résurrection de la vieille et glorieuse Espagne paraissent les moines, les héros de la guerre nationale. A la tête des guerillas, les moines cachèrent les patriotes compromis sous les voûtes sombres, et avec leurs vieux tromblons à large gueule ils combattirent partout l'invasion. A Saragosse, le couvent des cordeliers fit la plus héroïque défense. Nous ne nous expliquons pas bien pourquoi les patriotes aujourd'hui dépouillent et chassent les moines qui ont mêlé leur sang à toutes les entreprises de la démocratie et transfusé leurs idées dans la constitution des cortès de 1812.

Tout ce qui grandit l'Espagne, tout ce qui donne quelque intérêt à son histoire appartient à l'idée catholique : que deviendraient Grenade, Cordoue,

Séville sans leurs cathédrales? des villes sombres, mal construites, que l'étranger visiterait à peine. Le présent livre n'est pas destiné à faire de la politique ; l'Espagne est une contrée à part, une nation calme ou bondissante, dont les coutumes sont étrangères à l'Europe. Chaque fois que les cabinets s'en sont occupés, aux congrès de Vienne, de Vérone, ils ont mal réussi ; il faut la laisser faire librement ses pronunciamentos au son de la guitare et des castagnettes, comme elle danse ses boléros et la cachucha. Une seule chose nous paraît triste, c'est que lorsqu'un pays a eu pour reine Isabelle la Catholique, on ne respecte pas plus les femmes couronnées : le Cid en rougit pour les Castillans.

Une nation peut changer la forme de son gouvernement : c'est la loi éternelle de l'histoire. Mais elle doit aussi s'abstenir de ramasser les ordures des pamphlets pour en flétrir une reine qui naguère plaçait les couronnes de ducs et de comtes sur des blasons alors purs. Capitaines-généraux des pronunciamentos, avez-vous déchiré les rubans azurés qu'Isabelle mit sur vos poitrines et brisé vos croix d'or sur la pierre de la constitution?

Paris, le 15 décembre 1868.

I

Les Goths. — Le comte Julien. — Florinda[1]. — Les Maures en Espagne. — Pélage. — Le tombeau de saint Jacques-de-Compostelle. — Pèlerinage de Charlemagne. — Roncevaux. — Guerre. — Le Cid. — Les sept Infants de Lara. — La chevalerie. — Royaumes des Asturies. — De Léon. — Aragon et Castille. — La Lusitanie. — Les traditions d'Inès de Castro. — Croisade contre les Maures.

1. Florinda est le nom goth. Les chroniques espagnoles la nomment *la Cueva*.

L'Espagne, avec ses mines d'argent, de mercure et de plomb, ses riches champs d'oliviers, de grenadiers était déjà célébrée par les poëtes, les annalistes, les historiens du temps d'Auguste : des arcs de triomphe, des ponts à triples étages, aqueducs[1], cirques, arènes couvraient le sol.

Toute cette civilisation disparut dans les invasions des hommes du Nord : poussés par d'autres Barbares, au sixième siècle, les Goths d'abord maîtres de la Septimanie, refoulés les uns sur les autres comme une cascade hu-

1. Un des plus célèbres est celui de Ségovie : il est à double rang d'arcades. Il fut construit par Trajan. L'Espagne est couverte de monuments romains.

maine, établirent leur gouvernement à Tolède, au milieu des débris de l'administration romaine. C'étaient des hommes forts, d'un beau sang, d'une énergique volonté; mais, telle est l'influence du climat sous les rayons d'un soleil brûlant, que cette race du Nord trempée de sueur, ramollie par l'usage des bains, s'était énervée, jusqu'à dépasser les Byzantins en mollesse : ce qui lui restait d'énergie, elle le dépensait en guerres intestines, de châteaux à châteaux dont le sol était couvert (d'où vient le nom de Castille). Dix ou douze comtes s'étaient partagés et se disputaient le territoire de l'Espagne et du Portugal. Les Goths étaient libres, les rois élus, les évêques législateurs[1].

En face de ce territoire, et séparées seulement par un bras de mer, campaient des hordes de Maures, d'Arabes et de Berbères (les Berbères, peuplade d'Afrique, n'avaient jamais été domptés par les Romains[2]). Tous contemplaient d'un œil de convoitise l'Espagne, faible, divisée. La légende du comte Julien, qui livra l'Espagne aux Sarrasins, est-elle véritable?

1. Ces principes étaient posés dans la loi des Visigoths.

2. On trouve les Berbères en Espagne dans la guerre d'Annibal : ils le secondèrent contre Rome.

Les chroniques arabes n'en parlent pas : les romanceros castillans racontent que, pour venger l'honneur de sa fille, outragée par le roi goth Rodrigue, le comte Julien appela les Arabes en Espagne. La fille du comte Julien, du nom de Florinda, d'une beauté ravissante, un jour était assise avec ses compagnes, dans un massif de jasmins et de pistachiers ; jeunes filles, elles essayaient avec un cordon de soie rouge à mesurer leurs genoux : Rodrigue, le roi, caché à tous les yeux, vit le petit pied de Florinda ; il en devint éperdument amoureux et la déshonora. La vengeance du comte[1] fut terrible : il ouvrit les portes des Espagnes aux Arabes.

La conquête des Sarrasins fut rapide, favorisée par le concours du peuple. Les juifs, qui formaient une partie de la population riche, industrieuse, commerçante, secondèrent les Arabes, les Berbères surtout ; beaucoup d'entre ces montagnards étaient juifs ; les familles orientales se ressemblent par les mœurs, les traditions. Les Arabes s'élancèrent à travers

1. Le comte Julien était d'origine romaine ; il était gouverneur d'Andalousie et de Ceuta, en Afrique, en 712, pour le roi visigoth Roderic ou Rodrigue.

l'Espagne jusqu'aux Pyrénées; ils envahirent même la Septimanie, l'Aquitaine jusqu'à Tours: le maire du palais austrasien, Karl Martel, arrêta l'invasion; les Aquitains achevèrent l'œuvre sous le comte Eudes, le héros des chansons de Gestes.

En ces temps, au milieu des âpres montagnes des Asturies, se groupait une race d'hommes primitifs, aux bras forts, au courage indompté, qui, sous un héros national, Pélage[1], harcelait les villes occupées par les Sarrasins. Pélage fut le fondateur du royaume des Asturies, d'Oviedo et de Léon, d'où partit le cri de la délivrance. Le tombeau de saint Jacques-de-Compostelle devint le but des pèlerinages armés: des chevaliers allaient rompre une lance, par fantaisie ou par dévotion, contre les Maures, autour de la châsse du saint. Le plus grand de ces pèlerins fut Charlemagne, conduit au tombeau par une étoile miraculeuse, comme les rois mages; il vint accompagné de ses barons et de l'archevêque Turpin, si célèbre dans les annales de Saint-Denis. D'après la vieille chronique, Charlemagne fit la conquête d'une par-

1. Il était le fils d'un des comtes goths d'Oviedo ou de Léon.

tie de l'Espagne jusqu'à Saragosse et Pampelune[1]. Au retour, son arrière-garde de paladins fut accablée et brisée à Roncevaux, sous les rochers lancés par des montagnards[2]. Quelle était donc cette race sauvage qui faisait pleuvoir des flèches, des carreaux d'arbalètes sur les barons de Charlemagne, sur Roland l'invulnérable et Olgier le Danois? La chronique de Turpin raconte le désastre des paladins, sans rien dire des invisibles ennemis, race de Cantabres, toujours indomptée (les légions romaines n'avaient pu les atteindre). Les Basques parlaient un idiome primitif, branche de la langue des Phéniciens, ces hardis navigateurs avaient fondé tant de colonies! La défaite de Roncevaux tient une grande place dans les *chansons de Gestes* du cycle carlovingien : le cor de Roland retentit comme un cri de détresse jusque sous les voûtes du palais de Charlemagne à Aix-la-Chapelle.

Les splendeurs d'une civilisation orientale se développaient en Espagne, sous la domination des Arabes : Cordoue, Grenade, Séville s'em-

1. Quelques critiques nient l'expédition de Charlemagne en Espagne.
2. 778. Les Wascones.

bellissaient des Alhambra, des Alcazars. Les Arabes mettaient leur imagination au service des arts, de la science et des lettres. La poésie, dans les récits de leurs chroniques, est comme une frange d'or ornée d'arabesques, avec les vives couleurs d'un tapis de Damas. Fort avancés dans l'industrie, ils recueillaient la soie, bâtissaient d'une façon splendide; ils couvraient les jardins de rigoles et de canaux; les huertas de Valence, de Séville devinrent célèbres.

Ce qui perdit la brillante domination des Arabes, ce fut encore l'esprit de division qui séparait les rois [1], les émirs, les caïds, les gouverneurs de cités; entre eux, ils se livraient des batailles, se prenaient des villes, se liguaient même avec les infidèles. Les feuilles du Coran qui recommandaient l'union des croyants étaient jetées au vent; l'ardeur de la conquête s'attiédissait devant les ambitions et les jalousies : et pendant ces guerres intestines les fils et les compagnons de Pélage agrandis-

1. Les Maures se divisèrent et eurent plusieurs rois. Le premier royaume fut celui de Cordoue; les autres furent : Séville, Tolède, Badajos, Grenade, Malaga, Almeria, Valence et Saragosse. Le mot *roi* n'avait pas une signification aussi étendue que dans les institutions modernes.

saient leur territoire. Du sein des montagnes des Asturies les vieux chrétiens s'élançaient dans l'Aragon, la Castille et le Portugal. Chaque pèlerin venu au tombeau de saint Jacques-de-Compostelle donnait quelques coups de lance contre les Sarrasins. Dès le XIe siècle se formaient les royaumes de Castille et de Léon [1].

A la cour plénière de Ferdinand Ier, roi chevalier, arrivait Diego Rodrigue Diaz de Bivar [2], intrépide chevalier : né dans les guerres civiles, Rodrigue s'était mis à la tête d'une troupe de chevaliers pour combattre les Maures : il revint à la cour de Castille avec cinq rois maures, captifs, attachés par des cordons de soie ; il fut acclamé *el Cid* (le seigneur), le Cid. Don Rodrigue s'empara de Tolède, de Valence et refoula les Arabes jusque dans l'Andalousie. Que de légendes encore sur le Cid ! son duel avec le comte de Gormas, son amour pour doña Ximène Diaz ; les scagna plaintives de Séville les ont célébrés. Le Cid eut deux filles, Elvire et doña Sol, qui épousèrent des princes de la maison de Navarre. A Valence, il existe

1. L'an 1037.

2. Né à Burgos vers l'an 1040, il fut armé chevalier par Ferdinand ; il mourut à Valence en 1099.

un manuscrit enluminé qui raconte les exploits du Cid ; à Lisbonne on trouve, en portugais, l'*historial* du fameux héros Rodrigo Diaz. Le Portugal et l'Espagne étaient alors confondus dans une même race ; l'idée de l'union ibérique ainsi vient de loin.

Une des chevaleresques et tristes histoires que gardent les romanceros de Castille est celle des sept Infants de Lara ; tous fils du comte Gonzalve Gustos et de doña Sancha. Tous sept beaux, vaillants, armés chevaliers le même jour ; leurs prouesses étaient célèbres! Ils combattaient tous sept, pleins de vaillance, lorsque six d'entre eux périrent victimes de la jalousie de doña Lambra, leur tante : ils tombèrent dans une embuscade du roi maure Almanzor, qui envoya leurs têtes à Cordoue. Un seul, Fernand, fut sauvé par la fille du roi maure, la captivité cessa : un jour que Fernand assistait à une fête, à Cordoue, il vit venir à lui un jeune et beau cavalier maure, de quinze ans, qui courut droit à Fernand en baissant sa lance : « Je suis ton fils, issu de celle qui consola ta captivité. » Le comte embrassa l'enfant de ses amours. C'est l'origine de l'illustre maison des Manrique de Lara. La chronique des Infants de Lara est une des plus aimées en Espagne, et Florian en a traduit la douce romance :

Le beau Fernand prisonnier d'un roi maure
Osait aimer la fille du vainqueur.
La belle Elmire est celle qu'il adore,
Filles des rois n'ont-elles pas un cœur.

Ce fut une lutte persévérante et héroïque que celle des chevaliers des Asturies et de Léon contre les Maures. C'est l'époque de la fondation des premiers ordres de chevalerie : Calatrava, établi par Sanche III, roi de Castille (1158); Saint-Jacques-de-l'Épée, fondé par les pèlerins qui allaient combattre les Maures (1175) ; l'ordre d'Alcantara, dont voici l'origine : Les religieux de Cîteaux défendaient Alcantara contre les Arabes ; l'abbé distribua les croix militaires de l'ordre qu'il appela d'Alcantara (1177). Les rois chrétiens prenaient Valladolid, Tolède, Séville, les unes après les autres ; les Arabes ne possédaient plus que des cités isolées, même dans l'Andalousie. Les romanceros chantaient les exploits guerriers de la chevalerie ; les *scagna* disaient les peines d'amour, tous les sentiments exaltés ; la gloire, le dévouement, la jalousie étaient au cœur de l'Espagnol. Les Pedro, les Alonso, les Fernand laissaient éclater leurs douleurs, leurs colères, quelquefois leur cruauté sans frein. L'histoire d'Inès de Castro, d'une époque postérieure [1], respire le sentiment de vengeance. Inès était issue d'une des plus antiques races de Castille, Pierre Fernand de Castro. L'infant don Pedro de Portugal, éperdument amoureux d'Inès, l'épousa en secret à Coïmbre dans une sombre chapelle, malgré la haine des grands; un jour que l'Infant était à la chasse, Pedro Coello, Diego Lopez Pacheco pénétrèrent jusqu'au lit où Inès dormait sur son bras et la frappèrent à coups de poignard [2], sans égard pour sa beauté et sa grâce. « Ainsi, tomba, dit un romancero, cette neige empourprée, cette lumière éteinte, cette étoile sans rayon, cette lumière sans flamme. Ainsi périt cette rose décolorée, ce jasmin effeuillé ; le vol de la blanche colombe s'était abattu, sa renommée allait grandir. » L'infant jura vengeance. Devenu roi [3], Pedro livra les assassins à la torture ; il présidait à leur tourment avec délices.

1. Au quatorzième siècle, sous Alphonse IV, roi de Portugal.
2. Puffendorff met la mort d'Inès en 1355.
3. A la mort de son père en 1357.

Sombre, cruel, bizarre, sans craindre la profanation, Pedro tira de la tombe le cadavre d'Inès, le couvrit de parfums, l'orna de vêtements royaux, le diadème au front; il vermillonna son visage, entoura ses yeux d'un noir d'ébène afin de ranimer ses prunelles glauques, et au pied de ce cadavre couronné, don Pedro exigea que tous les *ricos hombres* vinssent rendre les honneurs royaux. Ainsi était le caractère sombre et ardent de ce peuple : la mort à côté de l'amour, les ornements de soie à côté du suaire, et au milieu de ces sombres images, les fêtes de la chevalerie, les tournois, les danses mauresques, la fandango arabe, les castagnettes et le tambour d'Afrique, les courses de taureaux, imitation des cirques carthaginois et romains.

Nous étions en 1846, à Coïmbre, dans le couvent de Santa-Clara, tout rempli des souvenirs d'Inès de Castro, nous vîmes, non loin, la *quinta de las lagrimas* (maison des larmes), la demeure d'Inès de Castro ; à côté était la fontaine des amours, ruisseau d'eau pure, qui coulait jusqu'au palais de don Pedro ; dans ce ruisseau Inès jetait ses tablettes d'amour pour l'infant ; ses lettres s'arrêtaient à une petite grille que l'eau avait à traverser, et don Pedro les recueillait avec transport. Ce ruisseau coule encore sur des cailloux gris, veinés de rouge, symbole du sang d'Inès. Assis sous le cèdre vénérable, qu'on dit planté par don Pedro, nous lisions les beaux vers de Camoens :

« Les filles de Mondego célèbrent cette mort lugubre, et les larmes versées ont fait cette pure fontaine, le nom qu'elles lui donnèrent rappelle les amours d'Inès, dont elle fut témoin. Voyez quelles fraîches eaux arrosent ces fleurs. Ces eaux, ce sont ses larmes, et son nom les amours [1]. »

A dix-sept lieues de Coïmbre, par une route difficile que l'on fait à dos de mules, se trouve la petite et sombre ville d'Alcobeza, où fut porté le corps d'Inès de Castro, sur une litière magnifique ; les seigneurs de la cour le suivaient à pied, un flambeau de cire dans les

1. As filhas do Mondengo a morte escura
Longo tempo chorando, memoraram
E, por memoria eterna, em fonte pura,
As lagrimas choradas transformaram.
O nome lhe puseram, que inda dura,
Dos amores de Ignez que alli passaram :
Vede que fresca fonte rega as flores;
Que lagrimas sam a agoa, e o nome amores.

(Camoens, ch. III, str. 125 des *Lusiades*.)

mains. Inès fut ensevelie dans l'église du vaste couvent, fondé par Alphonse Henriquez. Dans la chapelle, à droite, est la tombe qui contient les deux cadavres d'Inès et de don Pedro, son amant; ils sont couchés pieds contre pieds, afin qu'en se levant ensemble le jour du jugement dernier ils puissent échanger entre eux le premier regard d'amour.

Ainsi sont les chroniques d'Espagne. A mesure que les Maures perdaient des provinces, des villes [1], on voyait grandir l'esprit particulier des diverses nationalités : l'Espagne était moins un peuple qu'une réunion de provinces. L'indépendance était au fond de ces caractères. La Navarre formait un territoire à part, dont la capitale était Pampelune; l'Aragon, étroitement unie à la Navarre, avait ses codes, ses fueros, *siete partidas*. Les deux Castilles (*la vieja* et *la nueva*) gardaient leurs Cortès, tradition des Visigoths, avec Séville et Valence; les *fueros* contenaient les priviléges de chacun; l'administration municipale était aux mains des corrégidors, et au-dessus de tous les pouvoirs les

1. Ce fut Ferdinand III, le saint, roi de Castille et de Léon, qui s'empara de Cordoue (1236), Jean (1246), Séville (1248), Xérès, Cadix, San Lucar (1250),

assemblées de cortès, d'abord composées de nobles et d'évêques, puis de *comuneros*. Sous le règne d'Alphonse IX, on commence à distinguer les *ricos hombres* des *caballeros* et des *hidalgos*. Il fut établi que nulle taxe ne pourrait être imposée sans le consentement des cortès, que les dépenses seraient soumises à leur examen. Toutefois, aucune idée générale ne présidait à cette constitution ; chaque province avait ses cortès, ses fueros. L'Espagne aimait le système fédératif, et au-dessus de toutes les idées elle se donnait la patriotique mission d'expulser les Maures; la pensée d'unité n'était nulle part ; on ne disait pas encore l'Espagne, mais les Espagnes [1].

Dans les premières années du quinzième siècle, voici quelle était la circonscription des Espagnes chrétiennes. Le primitif royaume d'Oviedo, contrée sauvage, au sein des montagnes, s'était fondu dans la Navarre et la Castille. La Navarre s'était unie à l'Aragon et à la Catalogne. Les Catalans, forts, intrépides, hardis navigateurs, avaient jeté des colonies même en Grèce, dans l'Orient, en Égypte ; on trouvait

1. On peut lire la *Teoria de las Cortes*, du chanoine Martinez de Marina, travail publié pour les cortès de 1812.

la race aragonaise à Naples, en Sicile. Le vieux renard du Plessis-lès-Tours, Louis XI, la caressait et la trompait. Les Provençaux, les Aragonais et les Catalans parlaient la même langue, se tendaient la main par alliance de famille. Castille et Léon passaient sous un même sceptre. Dans chacune de ces nations, nul respect superstitieux pour les rois : « Voici nos coutumes : jurez-les, vous serez roi, sinon, non! » L'Aragonais avait une grande fierté de caractère pour défendre ses *fueros :* les alcades, corrégidors, même les simples alguazils étaient élus par le peuple. L'histoire des Espagnes raconte les dépositions de rois par les cortès ou même par les comuneros.

Henri IV [1], roi de Castille, fils de Jean II et de Marie d'Aragon, avait épousé Jeanne, fille d'Édouard, roi de Portugal[2] : tous deux jeunes et voluptueux, ils se livrèrent à des dissolutions : les amours, le vin et la débauche, à Madrid, alors simple bourg, résidence momentanée des rois. Les grands et le peuple murmuraient : dans une assemblée, Henri IV fut déposé ; on

1. Né à Valladolid en 1425, mourut le 20 décembre 1476.
2. Il avait déjà épousé Blanche de Navarre, qu'il répudia en 1454.

pendit son effigie livrée au vent, on acclama un autre roi[1]. Bientôt le peuple, triste et mécontent, rétablit Henri sur le trône. On voit toujours mêlées à ces révolutions des infantes et des reines sous les doux noms d'Inès, Blanche, Léonore, El Sol ou Jeanne. Le peuple les aimait. On trouve aussi bien de lamentables histoires où se mêlent les infants, les Gonsalve, les Alphonse, les Henri, les chevaliers de Calatrava, ou d'Alcantara, ennemis implacables des Maures; une gaieté sombre domine tout; des amours pleins de larmes, une piété ardente et les galanteries cachées sous la mantille et l'éventail mauresque.

Depuis le commencement du quinzième siècle, la domination des Arabes en Espagne s'abaisse toujours; quand les pouvoirs sont arrivés aux jours de décadence, on peut dire avec certitude l'heure à laquelle ils tomberont. Les Maures se divisaient entre familles, se combattaient incessamment. L'an 849 de l'hégire fut fatal pour les rois de Grenade et les villes qui leur obéis-

1. Dans les plaines d'Avila on avait élevé une statue colossale, assise sur un trône couvert de voiles de deuil, avec tous les attributs de la royauté. L'archevêque de Tolède lui ôta la couronne; un autre prélat l'épée, un autre le sceptre.

saient encore. Aben Ozmin détrône El Hayzairi; les émirs se succèdent, s'exilent, se massacrent : quelques-uns demandent même l'appui des Castillans[1] et se soumettent au tribut; le harem avec ses femmes esclaves et ses eunuques se révolte; l'Alhambra voit ses marbres verts et roses couverts de sang, et pour délivrer Abdala captif, les sultanes font une corde avec leur voile broché d'or. Les chroniques arabes racontent les voluptés d'Abul Hacen, le fils du roi de Grenade, qui assistait à une danse bohémienne au son du tambour et des castagnettes quand on lui annonça la prise de Gibraltar par les Espagnols[2]. Tout est mélange et confusion : les Castillans prennent les habitudes et jusqu'aux syllabes de l'alphabet mauresque; les princes chrétiens s'unissent aux jeunes filles des caïds arabes.

Les juifs qui forment un tiers de la population servent les Maures et les rois d'Aragon et de Castille avec fidélité. La synagogue de Grenade est brillante; les juifs restent maîtres de tout le commerce, de l'industrie et de la science

1. Aben Ismaïl marcha contre Grenade avec le roi de Castille, Henri IV, en 1454.
2. 1460.

comme médecins et chimistes ; parmi eux se trouvent les savants traducteurs des livres des philosophes d'Alexandrie. Quelques-uns deviennent argentiers des rois et prennent l'impôt à ferme[1]. On trouve dans les annales que plusieurs belles juives aimées des rois de Castille dominent leur conseil. L'Andalousie était devenue le siége de prédilection des rois arabes ; ils en aimaient le soleil, les fleurs, les jardins ; et cependant chaque jour ils perdaient une ville, un château ; en 1483 le royaume de Castille et de Léon armait toute la chevalerie pour une croisade.

1. Sous le règne d'Alphonse XI les Juifs parvinrent au pouvoir ; les revenus du roi sont administrés par un israélite de grand mérite, nommé Yusaph de Ecija. Samuel Abenhuer, médecin du roi, acheta le privilége de battre monnaie. Pierre Ier (le cruel), confia à Samuel Lévi l'administration des revenus de la couronne.

II

Le couronnement royal d'Isabelle. — Son enfance. — Mariage avec Ferdinand. — Isabelle à la tête des comuneros. — Guerre civile. — Réorganisation des Castilles. — La Sainte-Hermandad. — L'inquisition. — Le cardinal Ximenès. — Castillans et Grenadins-Maures.

(1450-1474)

Au mois de mai 1474, l'illustre ville de Sé govie, moitié romaine, moitié gothe, la rivale de Valladolid, était dans une vive agitation ; le peuple, hidalgos, ricos hombres, comuneros réunis entre l'Alcazar et le beau pont construit sous l'empereur Trajan, proclamaient reine de Castille et de Léon, Isabelle, la fille de Jean II [1]. L'infante reine avait vingt-quatre ans, d'une petite taille bien prise : elle avait le teint un peu pâle, de beaux cheveux noirs, des yeux à la fois doux et impératifs, tels que ses rares portraits l'ont reproduite (l'école espagnole devançait toutes les autres, même celle de l'I-

1. Jean II s'était marié deux fois : Isabelle de Portugal était la mère d'Isabelle de Castille.

talie). Les acclamations annonçaient qu'Isabelle était aimée et que le peuple espérait en son infante.

Isabelle avait vécu au milieu des orages suscités par les vives passions de don Juan son père et les écarts d'Henri IV, son frère[1] : elle avait l'expérience précoce des événements. Du vivant de don Juan, le peuple avait voulu la proclamer reine; Isabelle avait refusé par respect pour le droit d'hérédité et la crainte de susciter la guerre civile. Henri fut donc un moment proclamé roi, quoique sa légitimité fût contestée. Les cortès exigèrent qu'Isabelle reconnue infante devînt l'héritière de la couronne, sans tenir compte des droits de Jeanne, la fille de Henri, tant Isabelle inspirait la confiance et le respect. L'infante ainsi devenue un grand parti, le roi de Portugal l'avait demandée en mariage. Après lui, le roi d'Aragon pour son fils, et le roi Louis XI pour son frère le duc de Guyenne. A cette époque Louis XI avait les yeux fixés sur la Castille. Après le refus d'Isabelle, le roi de France, ainsi que le roi de Portugal, Alphonse V, favorisèrent Jeanne, la seconde

1. Henri IV était né de la première femme de Jean II, Marie d'Aragon.

héritière. Isabelle, encore jeune fille de dix-neuf ans, courageusement résolue d'en finir avec les intrigues, se rendit auprès de Ferdinand d'Aragon [1], elle l'épousa en secret, puis hautement proclama son mariage qui fut célébré dans la cathédrale de Valladolid [2]. La petite ville de Dueñas possède encore la maison où se fit l'entrevue de Ferdinand et d'Isabelle; où naquit un an après, l'infante Isabelle qui épousa l'infant de Portugal. Désormais, il y eut lutte entre Jeanne et Isabelle; par sa force d'âme, son activité, son courage, Isabelle triompha et les cortès la saluaient reine. Ferdinand et Isabelle n'avaient entre eux aucune sympathie de cœur, mais une commune conviction : la raison d'État dominait leurs âmes.

Cet avénement s'était accompli sous les conditions écrites et présentées aux cortès : la première était qu'Isabelle resterait véritablement reine de Castille et don Ferdinand libre souverain d'Aragon, et que chacun d'eux gouvernerait à part. Quand il eut connu cette condition, Ferdinand refusa de l'accepter; Isabelle, à force

1. Ferdinand V, né à Soz, sur les frontières de la Navarre, le 10 mars 1452, était le fils de Jean II, roi d'Aragon.

2. En 1469.

de prévenances, parvint à vaincre cette opposition ; tout en maintenant son droit souverain, elle paraissait obéir à son mari : il en résulta une situation particulière. Don Fernand gouverna l'Aragon et laissa Isabelle régner sur la Castille et Léon : tous deux furent admirablement unis quand il s'agit de contenir ou de réprimer les ennemis de leur pouvoir. « Ils étaient, dit la chronique d'Aragon, comme deux écus d'armoiries placés sous la même couronne.

Les deux souverains avaient besoin de rétablir l'ordre fatalement troublé par les féodaux dans la Castille, incessamment en révolte, protégés par le roi de Portugal qui envahissait le royaume de Léon. Ferdinand, vainqueur à la bataille de Toro[1], put régner librement. Isabelle était à côté de son mari sur un beau cheval andalous et ne craignait pas les périls de la bataille. Après la victoire, Ferdinand et Isabelle s'occupèrent de la bonne administration des Castilles : roi et reine en commun, ils n'avaient pas le même caractère. En tout dissemblables, ils se rapprochaient quand il fallait défendre la

1. Elle fut livrée en 1476.

couronne. On devait réprimer le désordre dans la lutte engagée contre la féodalité dominante dans les Castilles couvertes de châteaux et de seigneuries indépendantes. Ce fut dans le but de rendre la féodalité impuissante qu'Isabelle établit ou approuva l'association de la *Santa-Hermandad* (la sainte fraternité) longtemps célèbre en Espagne : on en retrouve l'empreinte et le souvenir partout dans les chroniques, même dans le *don Quichotte* de Cervantès. Par la Sainte-Hermandad, les populations des bourgs, villes et campagnes s'engageaient mutuellement à se protéger, à se défendre par un vaste système de solidarité. Nulle offense ne pouvait être faite à un homme de la confrérie sans que tous prissent l'engagement de la venger. La Sainte-Hermandad fut l'institution de justice et de protection dans les Espagnes [1].

En même temps qu'elle préparait la sûreté de tous par la Sainte-Hermandad, Isabelle appela le concours d'un tribunal extraordinaire qui devait examiner, frapper les ennemis de la foi et les faux chrétiens. Quand on veut juger impartialement une institution, il faut

1. C'est ainsi que l'a jugée Mariana.

se reporter au temps où elle fut crée et ne jamais l'apprécier avec les idées modernes. L'inquisition fut à la fois un comité d'enquête et un jury d'examen ; ce serait une erreur de croire qu'elle appliquait le châtiment, la pénalité. L'inquisition recherchait, examinait les faits ; le pouvoir séculier appliquait la loi, très-sévère en Espagne dans les temps de crise[1]. Nous ne comprenons plus ces idées aujourd'hui : les persécutions n'ont pas cessé, seulement elles sont dans le domaine politique. L'inquisition s'appelle la police, l'hérésie s'appelle opinion dissidente, le saint-office fut *le comité de sûreté générale* sous la Convention.

L'inquisition n'était point d'origine espagnole, elle avait été établie au treizième siècle, quand les Albigeois[2] troublèrent la société du moyen âge par les incroyables hardiesses de leur enseignement : le partage des biens, la communauté des femmes, la promiscuité des sexes. Les dominicains, prédicateurs infatigables, furent chargés de rechercher et de décla-

1. Le livre de Llorente n'est qu'un pamphlet et non point un travail sérieux.

2. J'ai donné le résumé des doctrines albigeoises dans mon *Philippe Auguste*.

rer les cas d'hérésie. Dans une société religieuse, une hérésie est une faction; toute société doit se défendre. Ce fut dans cette pensée d'ordre public que l'inquisition fut établie en Espagne : on avait à redouter le soulèvement des Maurisques ; on devait surveiller les Juifs. C'était assurément le droit des Juifs de regretter la domination arabe, si douce, si protectrice pour eux ; mais il était aussi dans le droit du pouvoir de surveiller leur conduite. L'inquisition rendit de grands services à la nationalité espagnole. Les pompes qui accompagnaient les *auto-da-fé*, le *san-benito* étaient dans les habitudes, dans les coutumes des confréries. Époque assurément étrange[1] : nous verrons plus tard Calderon, Lopez de Vega, Murillo, Zurbaran, se faire gloire du titre de familier de l'inquisition. Les processions aux cierges, les bannières au vent respiraient la nationalité espagnole; les populaires démonstrations appartiennent aux temps émus. Ce point de vue n'a point échappé au grave historien Mariana, le Tacite espagnol : « Un événement plus favorable et plus heureux pour l'Espagne, ce fut l'établis-

1. D'après Llorente, il y avait deux sortes d'auto-da-fé : les auto-da-fé particuliers et les généraux.

sement fait à cette époque en Castille d'un nouveau tribunal de juges sévères et graves, dans le but de rechercher et de châtier la perversité hérétique et l'apostasie. Ce tribunal différait de celui des évêques, à l'autorité desquels ce soin était anciennement réservé. Les pontifes romains donnèrent à ces juges le pouvoir et l'autorisation nécessaires à cet effet, et il fut enjoint aux princes de les aider de leur protection et de leur puissance. »

L'organisateur suprême du gouvernement d'Isabelle, l'homme supérieur qui imposa l'esprit d'ordre aux factions révoltées, ce fut le cardinal Ximenès[1], longtemps l'orgueil de l'Espagne. François Ximenès de Cisneros n'était point d'illustre origine; né dans un pauvre village de Castille, son père était receveur des dîmes pour la croisade, impôt de délivrance de la patrie. Ximenès, un des brillants élèves de l'université de Salamanque, la métropole de la science, étudia avec une indicible ardeur la philosophie, la théologie, le droit civil et canonique et plus spécialement les langues orientales (l'arabe que l'on parlait dans la plupart

1. François Ximenès de Cisneros était né dans une petite ville de Castille en 1437.

des villes d'Espagne) : il avait vécu quelques années à Rome très-remarqué par le pape Sixte IV : revenu en Espagne, il fut nommé archidiacre de Siguença sous le célèbre cardinal Gonzalès de Mendoza, conseiller de Castille. Dédaignant les honneurs de l'Église, Ximenès prit l'humble robe de cordelier, réforme de l'ordre déjà si sévère de Saint-François. Les cordeliers portaient une robe de bure grossière, des sandales sur les pieds nus, une corde épaisse autour des reins. Ximenès se condamna à toutes les privations, aux macérations les plus dures ; il faut contempler les toiles de Zurbaran pour comprendre ce qu'était un cordelier. Ximenès, couché sous une cabane de feuillage construite de ses mains, se livrait à la contemplation, à la prière, lorsque le cardinal de Mendoza l'indiqua comme confesseur à la reine Isabelle. Il n'était qu'un simple cordelier[1] : auprès d'une reine espagnole, à l'imagination ardente et pieuse, le confesseur était une puissance. Ximenès refusa d'abord ; un ordre du général des cordeliers ne lui permit plus de résister ; alors il mit la condition expresse que

1. Il avait alors cinquante-six ans.

jamais il ne résiderait à la cour, préférant les petites cellules des cordeliers de Tolède. Tant de douceur, de fermeté, de science, d'esprit et de justice lui donnèrent un ascendant sur la reine; rien ne dut se faire dans le conseil de Castille sans consulter le grand maître : on l'appelait ainsi ; son avis sage, mesuré, prévalait toujours auprès de la reine. Ximenès, sans être jamais ébloui de ce pouvoir considérable, l'abdiqua sans regret, pour reprendre l'œuvre de la réformation de son ordre qui venait de le nommer provincial, dignité de surveillance. Ximenès parcourut donc l'Espagne avec attention, s'informant de l'état des esprits et des misères du peuple. Il revint fortifié par la pratique de la science et des affaires. Dans cet itinéraire de plus d'une année, Ximenès n'abandonna jamais la règle des cordeliers, les jeûnes et les macérations. Il visita les universités de la science, consulta les manuscrits, prépara sa bible polyglotte, un des monuments prodigieux du quinzième siècle; nulle langue, nul idiome ne fut oublié. Son but était de répandre l'ancien et le nouveau Testament aux quatre coins de l'univers. Vivant avec la population maurisque, il acquit cette conviction profonde : « qu'il n'y aurait de repos pour l'Espagne qu'après la conquête définitive de toutes les villes encore soumises aux Arabes. Assis sur le promontoire de Gibraltar, Ximenès prépara le projet d'une croisade en Afrique ; il adressa un mémoire à la reine Isabelle pour prouver que les Espagnols devaient établir sur le littoral d'Afrique des postes militaires[1], destinés à surveiller les côtes d'Espagne, car il existait de trop faciles rapports entre les Maures de l'Andalousie et les Arabes d'Afrique. Vivement frappée de cette grande science, Isabelle nomma Ximenès archevêque de Tolède[2], en le retenant néanmoins auprès d'elle comme son confesseur.

Ce qui assurait la supériorité de Ximenès dans le conseil, c'était la connaissance profonde du droit gothique ; favorable aux comuneros, Ximenès luttait contre les coutumes féodales. Les désordres venaient de l'indépendance des ricos hombres ; le sévère cordelier voulait l'égalité de tous devant la loi. Les cortès pro-

1. Ce projet ne fut exécuté qu'après la mort d'Isabelle, sous Ferdinand; les Goths avaient possédé Tanger et Ceuta. Cette dernière ville était la capitale des provinces désignées sous le nom d'*Espagne transfretane* (au delà du détroit).

2. Après la mort de Gonzalès de Mendoza (1495), qui lui-même avait désigné son successeur ; c'était une des plus hautes dignités d'Espagne.

vinciales devaient librement se rassembler, délibérer selon les coutumes d'Aragon, de Catalogne et de Castille. Ximenès, élève de l'université de Salamanque, faisait réunir les coutumes en code de *Siete partidas*. Il espérait encore l'unité des Espagnes, idée difficile à réaliser, chaque province gardait ses lois; la couronne, indépendante de la féodalité, pouvait seule unifier le droit public, et cette autorité, Isabelle cherchait à la saisir. La reine assistait au conseil, paraissait dans les assemblées; quelquefois douce et pleine de mansuétude, elle devenait ensuite fière et inflexible pour en imposer à la féodalité soulevée.

Isabelle avait encore une pensée, une conviction (Ximenès la lui avait inspirée). Il n'y aurait, disait-elle, d'unité, de repos possible, qu'après avoir détruit l'autorité des Maures en Espagne. Le temps paraissait venu d'achever l'œuvre; l'empire arabe d'Andalousie était en pleine anarchie. On lit dans les chroniques de Cordoue que l'an 883 de l'hégire[1] il ne restait plus aux Maures en Espagne, que le pays situé entre les rivages de la mer et la chaîne des

1. 1478 de l'ère chrétienne.

montagnes d'Elvire et des Alpuxarres. Là s'était agglomérée une population forte, active, autour de la belle ville de Grenade. Elle faisait encore des excursions dans les Castilles. Les Castillans, à leur tour, guidés par les chevaliers de l'ordre de Calatrava et le duc Medina-Sidonia couraient s'emparer de Gibraltar. Les caïds furent tellement terrifiés de cette hardiesse, qu'ils s'obligèrent à payer un tribut de 12,000 pièces d'or aux rois de Castille[1]. Durant cette trêve, les Arabes et les Castillans vivaient dans une bonne harmonie, les chrétiens à Séville, les Arabes à Grenade : ils mêlaient leurs idiomes, leurs coutumes, à ce point de ne plus se distinguer; seuls, les fanatiques restaient entre eux hostiles, en se menaçant du glaive. Les Maures, les premiers, rompirent la trêve : à la faveur de la guerre entre les infants, ils espéraient reprendre Séville. Abul-Hacen, plein de feu et de valeur, néanmoins échoua. A son tour, Grenade était en pleine lutte de faction : les uns prenaient parti pour la sultane Zoraya, la légitime épouse d'Abul-Hacen ; les autres, pour une belle chrétienne,

1. Conde donne le texte des chroniqueurs arabes.

fille du caïd Martos, aimée du maître jusqu'à l'ivresse. On se battait à Grenade pour ces deux beautés, comme aux tournois de Castille. La domination arabe s'en allait au milieu des guerres du harem.

Cette décadence de Grenade était connue des cortès, réunies à Ségovie sous l'influence de Mendoza[1]; après avoir concédé les chartes, les libertés, les fueros, les cortès décidèrent que toutes les forces des royaumes de Léon, des Castilles et d'Aragon seraient réunies dans une croisade contre Grenade, la dernière capitale des Arabes en Espagne. Dans la ville mauresque, tout respirait l'ivresse et le plaisir; quand la trompette et le tambour des Castillans se faisaient entendre, les femmes de l'Alhambra se baignaient dans l'essence de rose, comme le dit un auteur arabe, cité par Conde.

1. Ce fut le cardinal Mendoza qui commanda une partie de l'armée chargée de l'expédition de Grenade.

III

Le siége de Grenade par Isabelle. — Le camp transformé en ville.—Santa-Fé.—Le vœu d'Isabelle.— Gonsalve de Cordoue. — Le cardinal de Mendoza.— Le grand visiteur du camp — Christophe Colomb. — Négociations pour la reddition de Grenade.

(1482-1492)

Grenade n'était pas assurément la plus belle ville des Maures; Cordoue, Séville, étaient plus vastes, plus peuplées, mais ces villes, déjà conquises par la chevalerie chrétienne, avaient vu leurs plus riches habitants se disperser : la population arabe s'était dirigée vers Grenade qui comptait alors, d'après les chroniques contemporaines[1], plus de 400,000 habitants et 70,000 maisons. La croisade devait trouver une formidable résistance. Grenade pouvait jeter trente mille cavaliers sur le champ de guerre, les chevaliers chrétiens, comme Roland, ne demandaient jamais « combien sont-ils? » Au-

1. Les auteurs arabes surtout traduits par Conde.

cune crainte ne pouvait arrêter l'accomplissement du but d'Isabelle.

L'époque était aux entreprises à la façon du Cid ; on courait briser une lance, par une fantaisie de tournois, dans les camps : il venait en Castille des chevaliers de partout. L'Orient, la Syrie, la Grèce étaient perdus pour les chrétiens ; les Turcs venaient de s'emparer de Constantinople. Le pape publiait une bulle de tristesse et de douleur; la chrétienté voulait prendre sa revanche. On faisait des vœux pour ramener captifs les Sarrasins aux pieds de sa dame. Isabelle fit son vœu devant l'image de la Vierge ; elle jura de ne point changer sa tunique en belle serge de Ségovie, jusqu'à ce que Grenade fût tombée en son pouvoir. On trouve dans les *romanceros* que cette tunique, usée par le temps, décolorée par la pluie et la poussière, prit une teinte douce et jaunâtre, que l'on nomma depuis *isabelle* [1]. Dans le camp vinrent encore une multitude de pèlerins armés, qui avaient fait des vœux autour du tombeau de saint Jacques-de-Compostelle.

Les Castillans et les Aragonais avaient dressé

1. La chevalerie donna ce nom à la robe des plus élégants coursiers.

autour des murs de Grenade un camp de baraques en bois, bariolées de diverses couleurs. La reine avait choisi la sienne au milieu des carrés de lances : studieuse et préoccupée de science, Isabelle passait une partie des nuits à lire des livres ou des papiers d'État avec une attention si grande, qu'une nuit elle ne prit garde au feu qui s'étendit de son pavillon jusqu'à l'extrémité des tentes ; le camp fut en flammes ; nul n'en fut découragé, et, pour montrer aux Maures la persistance de son dessein, Isabelle fit construire par des Catalans une ville large, bien percée, à laquelle on donna le nom de *Santa-Fé*[1]. La sainte foi était la pensée de toute cette génération.

Ce fut une merveille que cette construction de Santa-Fé, achevée en quatre-vingts jours ; comme il s'agissait d'une œuvre glorieuse et commune, Isabelle ordonna que toutes les cités environnantes contribueraient en travaux ou en maravédis à la construction de Santa-Fé ; le camp transformé si vite et presque miraculeusement en ville, fut entouré de hautes murailles, flanquées de tours. Chaque espagnol vieux chrétien, qui viendrait habiter la nouvelle cité

1. Santa-Fé existe encore aujourd'hui.

recevrait des mains de la reine une maison entière avec une pièce de terre pour l'ensemencer; Isabelle durant le siége de Grenade ne quitta pas Santa-Fé. Sa présence animait tout.

On était en pleine chevalerie. Comme dans les romanceros et les chansons de Gestes, les rois, les comtes, les chevaliers se provoquaient aux actes de bravoure les plus extraordinaires. Un jour on vit arriver à Santa-Fé un chevalier maure, armé de toutes pièces; c'était le Zegri Tarfé[1] : parti de l'Alhambra de Grenade, il portait une écharpe de soie verte; la détachant de son armure, il la plia autour de sa lance qu'il vint planter comme défi à la porte du pavillon de la Reine. Quatre chevaliers castillans répondirent à ce défi par une autre bravade. Ils sortirent de Santa-Fé, sous la conduite d'un brave castillan, don Hernand Perez del Pulgar, et pénétrèrent de nuit dans Grenade au milieu des menaces et des insultes, et Pulgar planta sa dague dans la porte d'une mosquée; à cette dague était suspendu un petit morceau de parchemin sur lequel se trouvaient

1. Chronique de Grenade.

écrits ces deux mots : *Ave*, *Maria*, insulte jetée par la Vierge à Mahomet.

Ce défi ne resta pas sans réponse. A quelques jours de là on vit s'avancer au plus grand trot de son coursier, le Maure Tarfé ; il portait suspendu à la queue de son cheval le parchemin sacré. Parvenu devant le camp d'Isabelle, Zegri Tarfé jeta son gantelet de fer ; vingt chevaliers s'élancèrent pour le ramasser. Le roi s'y opposa et permit à un seul d'entre eux de sortir de Santa-Fé ; c'était un tout jeune homme ; il portait une armure royale. Le combat commencé à la lance, puis à l'épée et à la dague, les deux combattants tombèrent dans la poussière ; ils luttèrent à pied sans merci pendant de longues minutes ; enfin on vit le jeune chrétien se lever tenant à sa main la tête du Zegri Tarfé ; il marcha vers la reine Isabelle et s'agenouilla devant elle pour lui offrir ce sanglant et glorieux trophée. Ce jeune homme, simple écuyer du roi Fernand portait le nom de Garcilassos de la Vega : comme il n'était pas chevalier encore, la reine l'arma de sa main, elle mit sur son écu l'écharpe et le parchemin qu'il avait arrachés à l'audacieux Sarrasin ; Gonsalve de Cordoue lui chaussa les éperons. Ponce de Léon lui ceignit l'épée: la reine Isabelle lui donna l'accolade, et le roi lui fit présent de la belle armure damasquinée d'argent qu'il portait lui-même[1]. Dans un voyage en Espagne, à la porte de l'église collégiale de Santa-Fé, je vis suspendu un modeste trophée d'armes avec le parchemin sur lequel était écrit *Ave, Maria;* le peuple saluait avec respect, et un vieil hidalgo m'indiqua dans la bibliothèque la belle chronique où sont contés les exploits de Garcilasso de la Vega.

La nouvelle ville de Santa-Fé était tout orgueilleuse de la présence d'Isabelle, la reine de la chevalerie. Parmi les mémoires qu'elle lisait la nuit de l'incendie, il en était un, l'œuvre d'un génie hardi, qui demandait une audience à la reine, toujours vivement frappée des idées neuves, extraordinaires. Un Génois, du nom de Christophe Colomb[2], depuis longtemps préoccupé de découvertes, avait soutenu devant les universités « qu'il existait un monde nouveau, plein de choses curieuses, de mines d'or, d'argent, habité par des nations primitives. » A cette conclusion il arrivait par les études sur la

1. La chronique est encore plus développée; on la montre aux voyageurs qui visitent Grenade.

2. Né dans l'État de Gênes en 1441.

sphère, le témoignage des auteurs anciens et par les récits des derniers navigateurs. Sa thèse, il l'avait portée à Lisbonne au roi Henri, protecteur des découvertes, dans la patrie de Vasco de Gama, chanté par le Camoens. Repoussé en Portugal, Christophe Colomb était venu en Espagne sans autre fortune que son projet à peine écouté et considéré par beaucoup d'esprits, comme une extravagance. Le seul appui de Colomb, c'était un pauvre moine [1], qui l'introduisit auprès du cardinal de Mendoza, puissant dans le conseil. On était alors en pleine guerre contre les Maures; la cour plénière, sans résidence fixe, se réunissait dans les villes récemment conquises, Séville, Cordoue. Christophe Colomb la suivait toujours avec l'espérance de voir Isabelle s'intéresser à son projet. La reine en effet l'écouta, lui donna vingt mille maravédis pour vivre et continuer ses études; comme à ce moment la pensée de Ferdinand et d'Isabelle était concentrée sur la prise de Grenade, le projet de Colomb fut renvoyé à la glorieuse fin de la croisade, à la prise ou à la capitulation de la dernière ville occupée par les Maures.

1. Le père Marchena.

Grenade était trop peuplée pour qu'on essayât de l'enlever dans un seul assaut; la brèche faite, les Espagnols se seraient trouvés en présence d'une formidable armée, et de milliers d'habitants, plein de fanatisme, le cimeterre en main ; il faudrait livrer bataille derrière les murs : mieux valait prendre Grenade par la faim. Autour de la ville la chevalerie castillane s'empara des châteaux mauresques qui fournissaient le blé, les troupeaux. Par Malaga, les Arabes pouvaient assurer leurs communications avec les côtes d'Afrique et le littoral de la Méditerranée. Les Sarrasins d'Oran, de Tanger ne devaient pas laisser sans secours leurs frères d'Espagne, tôt ou tard ils viendraient à leur aide. Les Turcs, alors si puissants, étaient maîtres de la Grèce, leurs flottes couvraient les mers de Sicile et de la Méditerranée. Les Arabes d'Espagne pouvaient donc être secourus. Ferdinand et Isabelle devaient hâter la capitulation de Grenade; sous leurs tentes, les chevaliers se pressaient en foule; il en venait d'Aragon, de Navarre, de Catalogne et de Provence.

A la tête de cette chevalerie, la reine Isabelle se montrait toujours, revêtue de cette tunique qu'elle avait fait vœu de porter; tandis que

Ferdinand avec les chevaliers de Calatrava s'emparait de Gibraltar, Isabelle restait au camp. Les Maures célébraient sa beauté et son courage avec les expressions exaltées des poëmes de l'Orient ; il existe encore en arabe des vers en son honneur. Les deux races, maure et castillane, tout en se combattant, s'étaient trop rapprochées et confondues pour ne pas se traiter avec une vive politesse. On croisait la lance, on jouait de la dague, mais les combattants s'envoyaient des rondos et des saynets.

Pendant les trêves, les Castillans et les Maures dansaient, confondus, le fandango arabe et la cachucha des Bohémiens ; la mandoline, la guitare venaient d'Alep, de Damas, doux instruments qui avaient passé à travers Grenade pour arriver à Séville et à Tolède. Dans certaines cités, on aurait à peine distingué les Maures des chrétiens ; le paysan valencien cultivait ses jardins à la manière arabe, à travers les canaux ; les puisaraques[1] tournées par des ânes arrosaient la pastèque si aimée des Berbères. La tradition d'Orient était encore vivante parmi les races du Midi. Il faut se méfier un peu des

1. *Puisaraque*, corruption peut-être de *puits arabe* : on en trouve dans tous les jardins de Provence autour de Marseille.

exagérations orientales, mais les poëtes arabes disent qu'il y avait plus de dix mille bourgs dans les vingt lieues de la huerta de Valence.

A côté d'Isabelle, et portant l'étendard de Castille, se plaçait parmi les plus fiers des comtes, vassaux de la reine, Gonsalve de Cordoue. Hernandez y Aguilar Gonçalo était né à Montilla[1], d'une origine illustre : ses ancêtres étaient ducs de Cordoue. Dès l'âge de quinze ans au service dans les guerres nationales [2], il avait fait triompher les armes castillanes jusqu'à Malaga. Sur le champ de bataille, il eut l'honneur d'être armé chevalier par le roi Henri de Castille[3], en récompense de ses prouesses d'honneur et de son courage : partout avait brillé le blason de Gonsalve. Dans la guerre civile, il s'était prononcé avec la fidèle chevalerie pour Isabelle et avait défendu ses droits contre les prétentions du roi de Portugal. Toujours dévoué à la cause de la reine, Gonsalve commandait un corps de lances dans le second siége de Grenade ; il était partout, à Velez-Malaga, à Baeza.

1. Ville près de Cordoue, le 16 mars 1443.

2. Il avait servi sous les ordres de don Diego de Cordoue, son père, dans la première guerre contre les Maures de Grenade, sous Henri IV, frère d'Isabelle.

3. A la bataille de las Veguas, en 1460.

Rien ne résistait à son courage[1], tantôt il marchait le front haut, épée contre épée, tantôt il dressait à l'ennemi des embuscades heureuses. Ferdinand et Isabelle ne faisaient rien sans le conseil de Gonsalve de Cordoue, salué dans toute l'armée comme le *grand capitaine* et le prudent chevalier, il était petit de taille, mais ses muscles avaient la dureté du fer.

Un des conseillers de cette croisade nationale était le cardinal Mendoza, souvent cité dans les fueros d'Aragon : Pierre Gonzalès de Mendoza, un des beaux noms de Castille[2], étudiant remarquable de l'université de Salamanque, avait traduit en espagnol Salluste, Ovide, Virgile sous les yeux de son oncle archevêque de Tolède; il fut, très-jeune, chancelier du royaume et archevêque de Séville. Quand le siége de Grenade avait commencé, l'archevêque[3] s'acquitta avec zèle de ses devoirs, dans la levée des deniers votés par les cortès pour la croisade nationale : la chevalerie se mêlait à l'Église;

1. Il avait emporté d'assaut plusieurs places : Setenil, Conil, Castama, etc.

2. Il est connu aussi sous le nom de *Cardinal d'Espagne* il était né en 1428.

3. Mendoza, d'abord archevêque de Séville, puis archevêque-cardinal de Tolède, dignité de primat de l'Église d'Espagne.

il fut chargé de mener les comuneros de Léon, de Castille et d'Aragon au service de la croisade[1]. Mendoza s'exposait dans la guerre avec l'incomparable courage que les vieilles chroniques donnaient à l'archevêque Turpin.

Avec Mendoza, le cardinal Ximenès était aussi sous la tente d'Isabelle, devenue la ville de Santa-Fé; il négociait avec les rois ou caïds maures pour la reddition de Grenade; Ximenès, sans cesse en rapport avec les Arabes, en savait correctement la langue. Le traité qui se préparait devait résoudre plusieurs grandes questions : quelle serait la condition des Maures soumis aux Castillans? Conserveraient-ils les mosquées, les minarets et leurs lieux de prières? Seraient-ils exilés et obligés de vendre leurs propriétés? Enfin, quelles seraient les conditions de la vie sociale? Après avoir capitulé, leur conserverait-on la même situation libre que pendant leur souveraineté, sans aucune crainte de trahison ou d'un retour de fortune? Le cardinal Ximenès, esprit pénétrant et droit, pesait avec impartialité les articles de la capi-

1. Ce fut lui qui se chargea de répartir la dîme accordée par le pape sur tous les biens ecclésiastiques pour subvenir aux frais de cette croisade.

tulation. Isabelle, calme et travailleuse, soutenait les idées modérées de Ximenès. Était-ce assez pour satisfaire l'effervescence des croisés? L'indignation des Castillans était grande; l'inquisition, si aimée des multitudes, s'était établie à Séville pour accomplir l'œuvre de surveillance et de répression.

Tout en négociant, Grenade résistait encore avec une certaine énergie. Les Arabes, braves et hardis, ne craignaient ni les rencontres de lances, ni le cliquetis d'épées; le mal était dans la profonde anarchie de la cité. L'an 888 de l'hégire, le fils du roi Abul Hacen se révolta contre son père; Ferdinand et Isabelle le prirent sous leur protection. Les factions en armes continuaient à se livrer des combats : il y avait dans Grenade trois palais, véritables citadelles, l'Alhambra, l'Albaycin, l'Alcazar, successivement au pouvoir des uns des autres. Abul Hacen, avec les vieux Maures, restait plein de courage et de ressentiment contre les chrétiens, tandis que son fils, Abu Abdala, s'était déjà fait vassal [1] de Ferdinand et d'Isabelle. La bataille civile allait commencer dans les rues,

1. Abu Abdala avait été fait prisonnier par Ferdinand, qui lui rendit sa liberté à condition qu'il serait son vassal.

lorsque les vlemas, les anciens, en proclamant cette dynastie déchue, choisirent un descendant des Abencerrages, vieille race; ainsi Abdala el Zagal prit possession de l'Alhambra, de ses jardins et de son harem [1].

Abu Abdala, après l'élection de Zagal, écrivit humblement à Ferdinand et à Isabelle pour leur demander appui, comme le devait le vassal à son suzerain. Voilà où en était l'empire mauresque, autrefois si brillant avec ses villes enchanteresses, ses braves émirs, ses caïds invincibles. Quand les États sont en décadence, les événements marchent vite à leur ruine. On trouve dans une chronique, sous la date de l'hégire 895 [2], que l'émir Cid Yahie s'adressa directement à El Zagal pour l'engager à se soumettre aux souverains de Castille et d'Aragon : « La guerre ne peut que hâter notre ruine, et il vaut mieux se fier à la générosité de Ferdinand que d'attendre inutilement les faveurs de cette fortune cruelle, qui, depuis si longtemps, se plaît à nous accabler. Rappelle-toi le funeste horoscope qui présida à la nais-

1. L'an 888 de l'hégire (1483), Grenade eut deux rois : Abu Abdala, dans l'Albaycin et Abdala el Zagal, dans l'Alhambra.
2. 1490.

sance d'Abu Abdala. On avait cru d'abord que les malheurs prédits s'étaient accomplis, lorsqu'il fut fait prisonnier à Lucena ; mais nous voyons bien maintenant que les rigueurs du sort ne sont pas épuisées par cette calamité passagère. Pour moi, je ne vois dans tous ces événements que la volonté d'Allah. C'est lui qui, pour nous abattre, réunit sous la même main les deux puissants royaumes d'Aragon et de Castille ; c'est lui qui veut poser sur le front de Ferdinand la brillante couronne de Grenade[1]. »

Ainsi parlaient les émirs. Si les faibles étaient favorables à la capitulation, les plus fiers d'entre les Grenadins ne voulaient pas l'accepter, le peuple soulevé expulsait les caïds, qui s'entendaient avec les chrétiens. Ferdinand et Isabelle avaient alors une belle troupe de chevaliers, sous la conduite de Gonsalve de Cordoue. La ville, surexcitée par les prédications des Alfakis, jurait de se défendre. Isabelle, avec une prudence extrême, ordonna que nul chevalier ne sortirait du camp pour provoquer l'ennemi ; il fallait laisser les Maures se déchirer entre eux et s'abîmer sous leurs

1. Nous suivons la traduction de Conde, qui avait à sa disposition tous les manuscrits arabes de l'Escurial.

propres dissensions. De temps à autre on entendait le bruit des trompettes et des tambours; des milliers de cavaliers caracolaient autour du camp, nul chevalier ne répondait à ces provocations. Une seule fois, les Castillans, sortis de Santa-Fé, poursuivirent la lance au dos les Grenadins jusqu'à leur ville.

Ce qu'avait prévu Isabelle arriva. Abu Abdala avait reconnu l'impuissance de résister; les Maures avaient en vain attendu des secours de l'Afrique ou de Constantinople ; il fallait donc traiter avec Ferdinand et Isabelle. La misère était infinie, la famine prête à dévorer les habitants. Le conseil des caïds résolut d'envoyer le grave et vieux Abul Casem, fort aimé des chrétiens, auprès de la reine Isabelle. Abul Casem, admirablement accueilli dans le camp, reçut de consolantes paroles de Ferdinand : « Il valait mieux se rendre à un ennemi généreux, que de souffrir les ravages d'un assaut. » Isabelle indiqua comme conseil, pour traiter des conditions, Gonsalve de Cordoue, l'illustre chevalier, sympathique à la nation maure, par sa générosité et son courage; Grenade n'aurait pas d'abord à se plaindre ds ses nouveaux souverains!

IV

Le triomphe de Ferdinand et d'Isabelle à Grenade. — Les fêtes et jeux. — Audience de Christophe Colomb. — Protection d'Isabelle. — Traité pour les découvertes. — Édit contre les Juifs et les Maures. — Mort des Infants. — Jeanne la folle et Philippe le Beau.

(1480-1491)

Dans les vallons qui entourent Grenade, couverts d'orangers et de lauriers-roses, un groupe de cavaliers au costume mauresque caracolait près de la tente de Gonsalve de Cordoue : à sa tête était le vieillard à barbe blanche, Abul Casem, qui déjà était venu auprès de Ximenès pour préparer les articles de la capitulation [1]. Gonsalve de Cordoue, plein de courtoisie, accourut au-devant de l'émir avec une troupe de chevaliers castillans : de grands honneurs furent rendus à Abul Casem pour le consoler de sa triste mission ; il se fit quelques passes d'armes

1. 1491.

au son des trompettes et des tambours. Abul Casem et Gonsalve de Cordoue se rapprochèrent pour régler les conditions définitives de la capitulation dont les bases étaient déjà posées.

Grenade n'avait dans ses murs qu'un petit nombre de chrétiens ; la population se composait de Maures, Arabes ou Juifs qui priaient dans la mosquée et appelaient les fidèles du haut des minarets. Ces monuments radieux de marbres et d'arabesques d'argent consacrés au prophète seraient-ils respectés. Les synagogues resteraient-elles ouvertes à la piété des Juifs ? Les Castillans, les Aragonais, populations pleines de croyances ardentes et déchaînées contre les Juifs, respecteraient-ils les vaincus? Cependant, Gonsalve de Cordoue et Abul Casem, après une longue conférence, posèrent leur scel sur les conventions suivantes : « La ville de Grenade sera remise aux Castillans dans deux mois, si, durant ce délai, elle n'est secourue par mer ou par terre: le roi de Grenade, ses caïds, émirs, ses wazirs et les scheiks du pays, prêteront serment d'obéissance et de fidélité à Ferdinand et Isabelle, en les reconnaissant pour leurs souverains ; le roi de Grenade recevra des domaines et des terres avec un revenu suffisant dans les Alpuxarres[1]; tous les musulmans conserveront, avec la liberté, l'entière possession de leurs biens, leurs armes et leurs chevaux, le libre exercice de leur religion et leurs mosquées ; ils garderont aussi leurs usages, leur langue et la mode de se vêtir ; ils auront des cadis et des alcaïds pour les régir suivant leurs lois ; ils serviront d'assesseurs aux gouverneurs chrétiens pour le jugement des affaires arabes. Ils ne payeront pas d'autres impôts que ceux qu'ils payaient à leurs rois maures : ils seront exempts de toute contribution durant trois années. Pour garantir l'exécution de ce traité, ils donneront cinq cents otages pris parmi les jeunes gens des meilleures familles de Grenade[2]. »

Rien de plus large, rien de plus généreux que cette capitulation : deux mois étaient accordés aux Arabes pour rendre Grenade. Les plus ardents des Maures comptaient sur le secours des Africains et peut-être des Turcs qui le promettaient depuis plusieurs années. N'espérait-on pas l'appui des Berbères campés à

1. Sierra ou montagne à quelques lieues de Grenade.
2. J'emprunte la traduction de ce traité à Conde, l'exact orientaliste.

quelques lieues du littoral d'Afrique; et néanmoins, quand Abul Casem arriva du camp d'Isabelle à l'Alcazar de Grenade où se tenait l'assemblée des anciens, il s'éleva un cri de douleur et de désespoir. Le savant orientaliste Conde a traduit les plaintes du caïd Muza, s'arrachant la barbe devant une foule émue : « Vous pleurez ! Eh ! sont-ce des larmes que Grenade vous demande? Laissez-les aux enfants et aux femmes: soyez hommes. Au lieu de ces larmes timides, répandez, s'il le faut, votre sang jusqu'aux dernières gouttes. Unissons-nous ; tentons un effort suprême : allons opposer notre poitrine au fer ennemi ; je marcherai à votre tête, je montrerai que je ne crains point la mort. Ne vaut-il pas mieux mille fois mourir en défendant le sol de la patrie [1] que de le livrer aux oppresseurs pour conserver une honteuse existence? »

Ces plaintes douloureuses, le roi de Grenade cherchait à les apaiser : « Le courage n'a point manqué aux croyants, ce sont les forces de la défense. La fatalité a paralysé tous nos bras ; ceux qui, à travers tant de périls, ont échappé

1. Conde emploi le mot *patrie*, je ne crois pas que ce mot ait un sens arabe.

à la mort, craignent de nouveaux dangers, quand ils ne peuvent pas espérer une meilleure fortune ; quelle ressource nous reste? la tempête a tout détruit, tout emporté. »

La multitude était si profondément humiliée du traité, qu'une révolte allait infailliblement éclater parmi les zélés ; alors les wasirs et les principaux scheiks conseillèrent au roi de Grenade de ne point attendre les deux mois accordés par la capitulation et d'envoyer, auprès de Ferdinand et d'Isabelle, des hommes de confiance pour presser l'occupation de Grenade, si l'on ne voulait voir le pillage et le massacre des habitants paisibles. Dans les temps d'émotion populaire, les choses vont toujours ainsi ; les prudents et les faibles, menacés par l'anarchie, préfèrent se rendre à l'ennemi que de subir la guerre civile et les excès des multitudes. Les messagers secrets furent accueillis avec joie par Ferdinand et Isabelle. Le roi de Castille se hâta de se rapprocher de Grenade (on devait lui en ouvrir les portes). Le bruit des tambours et le son des instruments annoncèrent l'approche de l'armée chrétienne. Abu Abdala, laissant Aben Tomixa [1] dans Grenade

1. Mariana, qui avait les archives à sa disposition, est entré

pour faire la remise des forteresses, alla au-devant du roi de Castille, suivi de tous les wasirs et de cinquante cavaliers grenadins. Quand il fut rencontré, il voulut descendre de cheval, comme le firent tous ceux qui étaient avec lui, mais le roi Ferdinand ne le voulut point. S'étant approchés l'un de l'autre, Abu Abdala lui baisa le bras droit, et lui dit les yeux baissés : « Roi glorieux et puissant, nous sommes tes serviteurs : nous te remettons cette ville et notre royaume, telle est la volonté d'Allah ; nous espérons que tu useras généreusement de la victoire. » L'hagib Abul Casem présenta pour lors au roi les clefs de la ville. Ferdinand, embrassant Abu Abdala, lui adressa des paroles d'amitié et de consolation... Les Castillans entrèrent immédiatement dans la ville, accompagnés des wasirs et suivis de leur cavalerie ; ils se mirent en possession de l'Alhambra, de l'Alcazaba et de l'Albaycin, et l'on arbora l'étendard de Castille au sommet des tours et sur les remparts.

Ainsi fut rendue aux Castillans, presque sans effort et sans combat, la dernière ville que les

dans tous les détails de l'occupation de Grenade. Il n'a pas assez consulté les versions arabes.

Maures possédaient en Espagne, beau couronnement d'une croisade où toute la chevalerie de Castille, d'Aragon et de Navarre avait pris part : l'Espagne secouait ainsi une domination qui avait duré plus de huit siècles, brillante par les arts, le commerce et le plaisir. L'Espagne restait toute trempée des coutumes, des mœurs, de la science arabes. Sa langue, ses poésies, ses monuments, ses cathédrales, l'Alhambra rappelaient cette souveraineté qui avait grandi les villes visigothes, créé le commerce et empreint d'un caractère arabe même les œuvres de son esprit.

La nationalité est si puissante au cœur de l'homme, qu'il la préfère à tous les biens. Aussi la soumission des Maures à la couronne de Castille fut-elle environnée de fêtes et de solennités [1]. « Ferdinand et Isabelle, à cheval, suivis de toute une brillante chevalerie, firent leur entrée solennelle à Grenade, depuis cinq jours au pouvoir des Espagnols. Mille banderoles flottaient au vent ; des chants religieux accompagnaient le son des trompettes et des

1. Conde, *Histoire de la domination arabe en Espagne*. Il est malheureux que le traducteur français ait enlevé toute poésie, toute couleur à l'œuvre espagnole.

tambours; les danses marquaient chaque pas de la procession solennelle. L'étendard de Castille était porté par Gonsalve de Cordoue; afin de ne pas blesser la coutume arabe, les cloches ne sonnaient pas, mais une procession de cordeliers et de franciscains psalmodiaient le *Te Deum*; la population maure prit part à ces fêtes. A côté de la reine Isabelle était un chœur de jeunes filles arabes et juives, secouant les castagnettes et le tambour de basque. Le soir, l'Alhambra, l'Alcazar furent couverts de feu et d'artifices, tandis qu'Abu Abdala sortait de la ville pour gagner les montagnes. On dit qu'il jeta ses regards sur cette cité jadis si puissante, si heureuse, si riche, maintenant abattue, avilie, courbée sous le joug ennemi. Il ne put s'empêcher de pleurer en s'écriant : « Ala hu « Akbar!... — Pleure, lui dit la sultane Zoraya, « pleure comme une femme la perte de ton « royaume, puisque tu n'as point su le défendre « comme un homme [1]. »

La reine Isabelle était rayonnante de joie et d'orgueil dans le brillant cortége, lorsqu'elle

1. Ferdinand paya en argent à Abu Abdala la valeur des domaines des Alpuxarres pour qu'il passât en Afrique : Abdala mourut en défendant le roi de Fez, son parent.

vit s'approcher d'elle, vêtu d'une robe longue de couleur violette, le Génois qui lui avait présenté tant de mémoires sur la découverte d'un nouveau monde : Christophe Colomb avait bien choisi son temps. La croisade contre les Maures ne préoccupait plus la couronne de Castille; la reine était dans un moment de bonheur où l'on accorde tout. Elle accueillit Colomb avec une bienveillance particulière. L'archevêque de Grenade[1] le présentait à la reine, déjà très-favorable au projet : Colomb lui-même, profondément convaincu de son succès, imposait des conditions très-intéressées à la couronne de Castille; aventureux spéculateur plus que zélé pour la science, il demandait la vice-royauté de toutes les terres et des mers qu'il découvrirait[2] (le titre de vice-roi était la dignité la plus élevée de l'Espagne). Cette prétention extrême, d'a-

1. Le premier archevêque nommé, après la prise de Grenade, fut fray Hernando de Talavera.

2. Pour convaincre Ximenès que les anciens avaient le pressentiment des grandes découvertes, Colomb lui récitait le vers de Sénèque :

> .... Venient annis
> Secula seris quibus Oceanus
> Vincula rerum laxet, et ingens
> Pateat tellus Tiphisque novos
> Detegat orbis, nec sit terras,
> Ultima Thule.

bord repoussée, Colomb sella sa mule pour s'éloigner de la cour et gagner Cordoue, lorsqu'il fut rappelé. Dans une nouvelle audience qu'il obtint d'Isabelle, Christophe parla avec tant d'éloquence que la reine, émue, lui répondit : « Je prends cette entreprise pour ma propre couronne de Castille, et, s'il le faut, j'engagerai mes joyaux pour réunir l'argent nécessaire. » Le trésorier de la reine répondit que cela n'était pas utile et qu'il mettait à la disposition de Colomb 70,000 florins d'or. Le roi Ferdinand était loin de partager l'enthousiasme de la reine ; il laissa faire plutôt qu'il ne s'associa aux idées de l'aventurier Colomb.

Dans des conférences où assistait la reine Isabelle, on régla définitivement les conditions de l'entreprise si audacieusement engagée. Un point surtout fut réglé et indiqué par Colomb ; les richesses qu'on pourrait trouver au-delà des mers seraient consacrées à une croisade pour la délivrance du Saint-Sépulcre, condition principale et qui peint l'esprit du temps. Les autres articles furent aisément arrêtés ; le navigateur génois aurait le titre d'amiral pour toutes les terres et mers qu'il pourrait découvrir, et sur ces terres avec l'autorité absolue il garderait pour lui personnellement en propriété, le dixième des parts, pierres précieuses, or, argent découvert ; il pourrait mettre le *Don* devant son nom pour lui et sa famille, distinction particulière aux *ricos hombres* et aux *hidalgos*. Ces lettres patentes, scellées de Ferdinand et d'Isabelle, portent la date du 17 avril 1482, quelques jours écoulés après la capitulation de Grenade et dans les joies du triomphe et d'unité pour l'Espagne [1].

Quand Colomb s'embarquait pour sa grande aventure, Isabelle et Ferdinand quittant Grenade, fixaient leur séjour à Séville. Les cortès, dans leur enthousiasme, proclamaient roi et reine des Espagnes, Ferdinand roi d'Aragon, et Isabelle reine de Castille. A cette royale fusion des couronnes, le pape Alexandre VI ajoutait le titre de roi et reine *catholiques* qu'avait possédé le roi goth Récarède. Catholique signifie universel : les choses passent en ce monde ; la puissance n'est pas toujours la même, et ce qui est aura son tour de décadence.

Les articles de la capitulation de Grenade étaient d'une exécution difficile dans leur appli-

1. Washington Irving en a donné le texte : *History of the life and voyages of Christopher Colombus.*

cation pratique aux Juifs, aux Maurisques, auxquels ils accordaient l'égalité de protection : les vaincus confondus avec les vainqueurs étaient placés à leur niveau. Ces conditions pouvaient-elles être accomplies? Quand on a été longtemps maître d'un pays et que la force victorieuse vous l'enlève, il est difficile de ne pas garder l'espoir de le recouvrer. Pendant sept cents ans, les Maures, les Juifs avaient été maîtres de l'Andalousie, pouvaient-ils y renoncer sans tenter un dernier effort? Les vaincus de la veille devaient nécessairement le lendemain conspirer pour reprendre la position perdue, et les vainqueurs devaient réprimer cet esprit rebelle. Le premier coup fut porté contre les Juifs, auxiliaires actifs de la domination maurisque qu'ils aimaient, à cause des facilités accordées à leur commerce, à leur intelligence, à leur activité. Les synagogues d'Espagne étaient d'une grande science, les rabbins traduisaient les livres de la philosophie arabe ; ils étaient médecins, chirurgiens habiles[1]. Les Juifs, intermédiaires de toutes les transactions entre l'Afrique et l'Espagne, étaient porteurs de mes-

1. L'Institut a couronné un de mes mémoires sur l'état des Juifs au moyen âge.

sages qui appelaient secrètement les Berbères, les Maures au secours de leurs frères d'Espagne. L'édit de Ferdinand et d'Isabelle donnait aux Juifs l'alternative ou de se convertir au christianisme, ou de s'exiler du royaume : on leur demandait ainsi une adhésion au principe de la société du moyen âge; le Juif converti dans ce temps d'unité religieuse devenait espagnol; celui qui n'acceptait pas cette condition, devait quitter la patrie commune, car il se plaçait en dehors du droit. Les Juifs devaient comprendre ces rigueurs, eux dont la loi était si dure à l'égard des étrangers! Les temps modernes, dans un autre ordre d'idées, ont vu imposer l'alternative ou de l'adhésion au principe du vainqueur, à sa loi même, à sa langue, ou bien se résigner à l'exil : le vaincu conspire malgré lui pour recouvrer sa nationalité perdue, témoin aux temps modernes la Pologne! Un pouvoir nouveau n'a de sécurité que par la grande expatriation des vaincus.

Un certain nombre de Juifs se firent chrétiens (le baptême était leur lettre de naturalisation), et pour constater la sincérité de cette adhésion et en suivre les actes particuliers, Ferdinand et Isabelle appelèrent le concours de l'inquisition. Tout État menacé d'une conspiration permanente constitue une police et des tribunaux extraordinaires. Ceux qui louent le Comité de salut public (ce grand pouvoir de la révolution française, qui ne laissa pas debout une seule résistance) doivent comprendre le devoir de l'inquisition ; elle recherchait les mauvais citoyens de la cité catholique. L'hérésie était une conjuration dans un gouvernement fondé sur l'unité du principe religieux [1].

Bientôt cette surveillance s'étendit aux Maures que la capitulation avait épargnés ; les Arabes, plus impressionnables que les Juifs, pouvaient-ils rester paisibles spectateurs de la transformation de Grenade en cité chrétienne? Dès les premiers temps de la capitulation, les Maures étaient en pleine révolte dans la Sierra des Alpuxarres. Ferdinand et Isabelle durent modifier la capitulation, que les vaincus foulaient aux pieds, et prendre aussi contre eux des mesures extraordinaires de salut public. Les édits procédèrent lentement et avec toute précaution ; on transforma d'abord les mos-

1. L'inquisition procédait par enquête : les tribunaux séculiers prononçaient la peine. Llorente, l'excellent jurisconsulte. ennemi de l'inquisition, est obligé de l'avouer.

quées en églises. La croix s'élevait partout comme signe de victoire, et ce triomphe suffisait pour provoquer les manifestations populaires des Arabes et des Juifs. Enfin, un édit du conseil de Castille déclara que les Maures seraient obligés de quitter toutes les provinces nouvellement conquises, s'ils ne voulaient en accepter la foi du vainqueur. Beaucoup se convertirent, d'autres abandonnèrent l'Espagne pour l'Afrique, la patrie originaire. L'inquisition seconda l'exécution de ces édits ; elle ne fit pas tout ce que les haines castillanes exigeaient contre les Maures : l'opinion était encore plus irritée que le pouvoir.

Le royaume de Grenade ne fut définitivement pacifié qu'après l'entière exécution de ces édits très-fermes et répressifs ; la population diminua assurément, mais ce qui demeura de Maure et de Juif à Grenade, Murcie, Cordoue resta fidèle. Si la transformation ne fut pas entière, il y eut tendance vers l'unité. Ferdinand et Isabelle s'adressèrent aux cortès pour fixer les règles d'administration politique de l'Andalousie. Les évêques sanctionnèrent toutes ces sévérités, essentielles dans les États menacés ; on savait les préparatifs des Maures d'Afrique contre l'Espagne. Si l'on étudie le caractère de cette époque, on peut remarquer que tous les événements, tous les faits appartiennent aux idées religieuses ; le droit public ne naît et ne se développe qu'après la Renaissance [1]. On était à l'époque des grandes conquêtes de l'islamisme ; les Turcs pouvaient appuyer la révolte des populations maurisques de l'Espagne et prêter leur concours aux Arabes et aux Berbères d'Afrique.

Toute préoccupée des moyens de rendre l'Espagne *une* et tranquille, Isabelle reçut la bonne nouvelle du succès des grandes découvertes de Christophe Colomb. Le hardi Génois revenait glorieux de son voyage d'exploration après avoir proclamé le règne de Ferdinand et d'Isabelle sur cette terre nouvelle ; il arrivait avec l'espérance de découvrir un monde tout entier. Isabelle et sa cour brillante allèrent recevoir Christophe Colomb, amiral de la mer des Indes, processionnellement, bannières déployées. La reine, désormais parfaitement rassurée, voulut faire les frais d'une seconde expédition dans les nouvelles Indes. L'Espagne

1. La période du droit public se développe surtout après la Réformation

commençait ainsi ses grands jours. Le pape, en vertu des droits publics du moyen âge, accordait à Ferdinand et à Isabelle la souveraineté des terres découvertes, acte qui devint une des causes de la rivalité entre le Portugal et l'Espagne. Le Portugal avait obtenu déjà une bulle de souveraineté sur les terres inconnues ; l'Espagne allait lui arracher ou partager cet honneur et ce droit [1].

Au milieu de cet enthousiasme et de ces fêtes, Isabelle la Catholique subit ses premiers malheurs de famille ; d'une sensibilité extrême, elle fut vivement affectée de la perte de son fils, l'infant Juan, héritier de ses couronnes [2] ; elle perdit ensuite Marguerite, mariée au roi de Portugal. Il ne lui restait plus que sa seconde fille, Jeanne, qui avait épousé Philippe, l'archiduc d'Autriche, héritier des ducs de Bourgogne [3]. Jeanne n'était pas belle ; une pâleur extrême lui donnait l'air toujours souffrant, le

1. On trouve dans Washington Irving toutes les pièces originales relatives aux expéditions de Colomb (*Colomb's life*).

2. En 1500.

3. Le 20 octobre 1496. Philippe Ier, dit *le beau*, archiduc d'Autriche, fils de Maximilien Ier, empereur d'Allemagne, et de Marie de Bourgogne, fut souverain des Pays-Bas par sa mère en 1482.

feu de ses yeux, comme un charbon ardent, révélait une sombre exaltation d'idées. Philippe, l'archiduc, était jeune, beau, généreux jusqu'à la magnificence; léger, inconstant, volage, ce que la femme espagnole excuse le moins. Philippe n'aimait pas éperdument doña Juana, qui l'accompagnait partout ; l'archiduc passait les nuits dans les festins, au milieu des fêtes, et Jeanne portait déjà les marques de sa passion exaltée : la jalousie l'avait marquée de ses griffes de fer.

Quelque temps ils avaient vécu ensemble à Bruxelles, sous un climat qui ressemblait si peu à celui de l'Andalousie. Jeanne, souvent délaissée par son mari, écrivait des lettres tristes, enflammées à sa mère, dont elle était devenue l'unique héritière. Quand Philippe un moment s'éloigna, Jeanne, ardente Espagnole, pleura des larmes de sang, comme si mille poignards entraient dans son sein, ainsi qu'on le voit dans les images de la Vierge des douleurs; elle aimait ainsi à se faire peindre. Durant son séjour dans les Pays-Bas, Jeanne accoucha d'un fils (depuis Charles-Quint, bien plus Flamand qu'Espagnol). Quand nous arriverons à ce règne, nous verrons qu'à travers ses grandeurs, le règne de Charles-Quint fut plus nuisible à l'Espagne qu'il ne lui apporta des avantages.

Au-dessus de ces tristesses royales, le cardinal Ximenès continuait son œuvre; il voulait constituer l'ordre et l'unité ; la paix intérieure était assurée en Espagne par l'exil des Juifs et des Maures. Ximenès appelait les cortès à voter des lois unes et générales, résultat difficile à réaliser. Chaque province voulait rester État indépendant; en vain les cortès avaient proclamé le royaume des Espagnes, les populations refusaient à se confondre. Il eût été impossible d'appliquer aux Aragonais les coutumes de l'Andalousie, pas plus que les sierras ne se nivellent avec les plaines, et que les terres desséchées de la Vieille-Castille ne ressemblent aux huertas de Valence[1].

1 L'Espagne est toujours restée avec une législation très-divisée. Encore aujourd'hui la huerta de Valence a un code spécial de lois pour l'arrosage.

V

Constitution de la monarchie espagnole. — Le Portugal, État séparé. — La France. — L'Empereur. — Les papes. — Guerre d'Italie. — Naples et Gonsalve de Cordoue. — Le Mexique et les Indiens. — Fernand Cortès. — Las Casas et la traite des nègres. — Insurrection des Maures. — Les derniers temps d'Isabelle. — L'archiduc Philippe et Jeanne. — Enfance de Charles-Quint. — Mort de la reine de Castille.

(1494-1504)

Le point de départ de l'unité espagnole fut la prise de Grenade sur les Maures. Les temps modernes ne comprennent plus la force des idées du moyen âge : Ferdinand et Isabelle prirent une grandeur particulière dans les affaires du monde. Le joug de l'étranger ainsi brisé, l'Espagne se déploya vigoureuse dans ses rapports avec les autres États. Les papes, l'empereur, les rois de France traitèrent l'Espagne comme une puissance de premier ordre. Les Turcs même s'arrêtèrent dans leurs conquêtes par la crainte qu'inspiraient Ferdinand, Isabelle et leur chevalerie.

Le Portugal, toutefois, n'acceptait pas la suprématie espagnole ; il y avait même chez les

Portugais plus de hardiesse et d'énergie abrupte, indomptée : les premières découvertes avaient été osées par les Portugais, très-avancés dans les sciences, et Camoens chantait le voyage de Vasco de Gama à travers le cap des Tempêtes, avant que Christophe Colomb n'eût réalisé sa pensée. L'histoire du Portugal était triste et sombre, pleine de catastrophes; le Camoens, à ses récits de découvertes, mêle l'histoire passionnée des rois Alphonse, Pedro, Denis ; avec son imagination brillante, il rappelle l'amour, de l'infant Pedro pour Inès de Castro, vive et jalouse : « Nulle autre beauté ne peut lui plaire, nul autre hymen ne saurait le tenter. Amour, amour ! est-il, pour un cœur que tu possèdes, est-il dans l'univers d'autres charmes que les tiens, un autre bonheur que celui dont tu l'enivres? Cependant le vieux roi s'inquiète et s'irrite. Le peuple murmure; il demande pour l'héritier du trône un de ces nobles hyménées qui consolident la puissance des rois et assurent le destin des États[1]. Le prince n'entend ni les vœux du peuple, ni les conseils d'un père et d'un roi. Inès le tient enchaîné ; la mort seule

1. Camoens, *les Lusiades,* chant 3.

pourra les désunir... Inès mourra ; Alphonse a prononcé l'arrêt. C'est dans le sang de l'infortunée qu'il veut éteindre le feu qui brûle au cœur de don Pèdre. Oh ! quelle fureur commande à la glorieuse épée qui fut la terreur du Maure, de se lever sur une beauté faible et timide ! »

Ainsi, par la grandeur de ses entreprises, par sa science, par sa hardiesse, la nation portugaise se croyait supérieure à la chevalerie de la Castille et de l'Aragon[1]. A l'autre extrémité de l'Espagne, une province, la Navarre, revendiquait aussi sa nationalité ; elle se rapprochait de la France par la famille d'Albret ; ce petit royaume ennemi des Castilles, placé sur les flancs des Pyrénées, devait, deux siècles plus tard (sous Louis XIV), absorber l'Espagne. Louis XII combattait pour rattacher le Roussillon à sa couronne, et la chevalerie de France, avec ses chefs les plus renommés, Bayard et Gaston de Foix dans ses rangs, allait rencontrer les Espagnols sur le territoire de Naples. Le commandement des bandes castillanes fut confié par Isabelle à Gonsalve de Cor-

1. Le Portugal avait depuis longues années secoué le joug des Arabes.

doue, le héros de la guerre contre les Maures[1]. Ce fut à la discipline, à la fermeté de Gonsalve de Cordoue que l'Espagne dut la création de ces fameuses bandes ou regimentos d'arquebusiers, de hallebardiers, bien supérieurs aux Suisses, aux lansquenets, aux Allemands. La guerre d'Italie dura deux années ; les Espagnols gardèrent partout l'honneur des champs de bataille : Ferdinand devint roi de Naples, titre qu'il ambitionnait.

Dans cette guerre d'Italie les Espagnols furent soutenus par les troupes flamandes de l'archiduc Philippe, qui possédait les Flandres comme héritage de la maison de Bourgogne, si brillante. En Italie le roi et la reine des Espagnes étaient appuyés par le pape, comme chef de la croisade. Après la prise de Constantinople les flottes turques s'étaient répandues sur la Méditerranée, la Sicile déjà était menacée[2]; les Espagnols à Naples devenaient un rempart; Isabelle, passionnée pour la croisade, l'expression la plus brillante de la chevalerie, offrait des régiments pour défendre la Sicile et protéger

1. Gonsalve de Cordoue s'embarqua à Malaga en 1495.
2. Les corsaires Turcs enlevaient en Sicile les jeunes filles pour les harems.

l'Italie. C'était ainsi une belle union que celle de Jeanne et de l'archiduc, car elle allait réunir l'empire d'Allemagne et la Flandre à l'Espagne sous un même sceptre. A Gand, ville flamande, de cette union était né un fils, du nom de Charles, petit de taille, aux traits nobles, élevé dans les arts, la science. Jeanne, toujours plus éprise de l'archiduc Philippe, s'exaltait jusqu'à l'égarement, triste cause de chagrins pour Isabelle de Castille, elle qui n'avait jamais senti l'amour vif et brûlant ; elle avait toujours froidement vécu avec le roi catholique, Ferdinand, sans jamais s'émouvoir que pour les desseins de la politique ; l'orgueil du triomphe était tout pour elle. Elle suivait avec joie les développements du nouveau monde ; chaque jour, la sphère de ces découvertes grandissait. Christophe Colomb exagérant l'importance de Saint-Domingue, envoyait de pauvres Indiens pour rendre hommage et les faire baptiser en grande pompe. La reine catholique toute flattée aimait à voir ces Indiens à son audience. Elle s'en était déclarée la protectrice en réprimant la rapacité violente des aventuriers génois de Christophe Colomb. Isabelle était pour eux l'autorité sacrée, à laquelle ils recouraient dans leurs prières :

ennemie de l'esclavage, elle repoussait toute contrainte pour le travail. Ce furent les plaintes répétées des Indiens qui déterminèrent Ferdinand et Isabelle à rappeler Christophe Colomb, le chef des aventuriers, génie supérieur, mais dur, ambitieux. Ferdinand ne l'avait jamais aimé ; dans la discussion première sur ses projets, le roi avait pressenti qu'il avait devant lui un spéculateur rapace, un condottiere capable de tout, un étranger à l'Espagne. Ferdinand ne s'était pas trompé et Barthélemi, le frère de Christophe, aspirait alors à la souveraineté de Saint-Domingue.

Les cortès réunis à Tolède voulaient toujours faire de l'Espagne une seule nation, œuvre difficile avec le caractère qui distinguait chaque province. Le Biscaïen était irascible, emporté[1] ; le Galicien, triste, sérieux ; le Catalan, violent et indocile ; l'Aragonais, attaché à ses antiques coutumes, était enthousiaste de son pays ; le Castillan, sévère, orgueilleux et quelquefois rieur, aimait les distractions ; les habitants de l'Estramadure étaient vaniteux ; l'Andalous, fier de sa nationalité ; le Murcien

1. Cervantès a fait toutes ces distinctions dans *Don Quichotte*.

avait du sang maure dans les veines, jaloux et soupçonneux ; le Valencien au contraire était inconstant, léger, gai, affable et industrieux. Ces peuples pouvaient-ils abdiquer leur nationalité particulière pour se fondre dans l'unité nationale? Il est facile de proclamer la fusion des peuples ; l'idée d'unité séduit : elle n'existe qu'à la surface ; le fédéralisme tôt ou tard brise l'échiquier. On subit le pouvoir qui vous fait violence jusqu'à ce que le jour vienne de le secouer.

Il était aussi impossible de réunir en faisceaux ces nationalités diverses, que de transformer les Maures en loyaux Castillans. Les édits sévères de Ferdinand et d'Isabelle pour l'expulsion des Arabes avaient été bien doucement appliqués, car on retrouvait dans le royaume de Grenade et dans l'Andalousie le même nombre d'Arabes marchands, cultivateurs. Ces édits furent donc renouvelés avec une pénalité proportionelle ; on dut s'enquérir de la réalité des adhésions à la foi. (La foi c'était la loi.) Tous les gouvernements ont une police d'État[1]. L'inquisition fut chargée de rechercher si les Maures

1. Conde, très-favorable aux Arabes, avoue néanmoins qu'ils ne cessaient de s'agiter contre Ferdinand et Isabelle.

baptisés pratiquaient les sacrements catholiques, signe de la nationalité espagnole; le saint-office dut s'enquérir si, les yeux tournés vers leurs frères d'Afrique, les Arabes ne préparaient pas une nouvelle invasion de l'Espagne. Dans ce but, Ximenès pressait en même temps l'expédition d'Afrique : à Grenade, Séville, Murcie, on savait la trahison des Maures; on distinguait, on exaltait les vieux chrétiens; ce titre était fièrement invoqué par les hidalgos, et Cervantès le fait répéter mille fois à don Quichotte dans son orgueil de chevalier.

Si ces mesures contre les Maures ralentissaient le commerce, dépeuplaient les huertas et les sierras, elles imprimaient à l'Espagne un développement d'énergie et de conquête. Fernand Cortès, esprit bien supérieur à Colomb, vrai capitan, vieux chrétien de l'Estramadure[1], se préparait à un voyage de découverte alors que Christophe Colomb était en disgrâce. Si Christophe Colomb fut ramené en Espagne avec de petits chaînons aux mains[2], s'il fut

1. Fernand Cortès était né à Medelin en 1485 : il débarqua le 4 mars 1519 sur la côte du Mexique, et prit Mexico, la capitale, le 13 août 1521. Il mourut à Séville le 2 décembre 1554.

2. Le capitaine du navire lui proposa plusieurs fois de les lui ôter; il refusa pour être conduit enchaîné devant Isabelle.

conduit à l'audience d'Isabelle, qui du reste le rendit libre, c'est qu'il s'était montré sans miséricorde pour les Indiens et qu'il aspirait déjà à constituer une Amérique indépendante avec son frère Barthélemi pour roi.

Fernand Cortès n'avait aucune de ces ambitions ; il devait faire hommage à l'Espagne de toutes ses découvertes avec une respectueuse soumission, sans rien demander pour lui : Colomb était un condottiere italien ; Fernand Cortès, un capitan espagnol. De ces expéditions en Amérique date la circulation active de ces doublons d'Espagne que l'on retrouvait partout, même dans les Pays-Bas. Les doublons qui aidèrent si bien les négociations du seizième siècle diminuaient l'importance des sequins de Venise et des ducats d'Allemagne; ils allaient transformer les transactions du monde; ils furent aussi un des moyens de corruption employés par l'Espagne.

Aux archives de Ximanca on trouve la preuve qu'Isabelle se préoccupait beaucoup de l'état des pauvres Indiens, paresseux de leur nature; sous un soleil brûlant : quelques-uns se refusaient au travail, plusieurs en mouraient ; les chefs des aventuriers s'étaient partagé les terres entre eux par grande culture, sur lesquelles ils élevaient de véritables forteresses; ils prenaient des Indiens esclaves à leur service, leur imposant les plus pénibles travaux sans frein et sans mesure. Dans l'intérêt de la foi, Isabelle avait chargé l'ordre des dominicains, non-seulement de la conversion des Indiens, mais encore du soulagement de leur misère, en réglant les rapports du maître et de l'esclave. Les dominicains depuis leur institution parcouraient le monde, et parmi eux se trouvait un jeune frère du nom de Las Casas[1] qui avait prêché déjà les populations de l'Afrique. Dans un mémoire, Las Casas exposait, « qu'il ne fallait pas contraindre les Indiens à un travail auquel ils n'étaient pas accoutumés ; qu'il y avait en Afrique une race robuste à la peau noire et dure, aux mains calleuses, admirablement apte au travail. Ces hommes étaient esclaves de chefs sauvages; on pouvait les acheter à leurs maîtres et les transporter en Amérique. » Ainsi la traite des noirs fut primitivement établie dans un but de liberté et d'humanité. Ximenès qui voulait à la fois diminuer les populations de l'Afrique

1. Né à Séville en 1474, mort à Madrid en 1566.

pour préserver l'Espagne et soulager les Indiens du Mexique, appuyait les projets du dominicain Las Casas, depuis évêque[1] de Chiapa.

Accablée de douleur et de travail, la reine Isabelle sentait sa santé s'affaiblir; elle avait passé à travers de profondes épreuves : la mort de deux infants; la seule fille qui lui restait, Jeanne suivait son époux dans les Pays-Bas, heureuse d'être réunie à celui qu'elle idolâtrait. Philippe gouvernait les fiefs de la maison d'Autriche, avec les immenses domaines de la maison de Bourgogne, et la reine Isabelle cédait à Jeanne ses royaumes d'Aragon et de Castille auquel le roi Ferdinand renonçait; enthousiaste du royaume de Naples, de son soleil, de son riche sol, il ne rêvait qu'à cette couronne que l'épée de Gonsalve de Cordoue lui assurait glorieusement. Philippe et Jeanne devenaient les plus grands souverains du monde, avec l'Amérique pour épave; ils voyaient avec orgueil quel serait, dans l'avenir, l'immense empire de Charles leur fils. La constitution d'une formidable monarchie était nécessaire comme barrière à

1. Chiapa, dans le Mexique. Las Casas passa cinquante ans dans le nouveau monde et traversa douze fois l'Océan pour plaider en Espagne la cause des Indiens.

l'empire ottoman. Il fallait pour lui résister un nouveau Charlemagne : les grands empires se forment à temps et comme des nécessités pour conjurer un péril qui menace la société : ils naissent spontanément ; on ne les fait pas : ils meurent avec les causes qui les ont produits.

Cet empire né avec Charles-Quint devait réprimer aussi une insurrection d'idées, les doctrines que Luther allait fulminer contre l'autorité des papes, la souveraineté absolue du moyen-âge. Ces opinions allaient jeter un trouble dans les esprits, et favoriser les divisions. A travers ces fissures de la société chrétienne, la domination des Turcs devait pénétrer partout ; Venise menacée organisait une expédition soutenue par l'Espagne ; la France, déjà travaillée par les hérésies, ne pouvait prêter qu'un secours incertain à la croisade. Il n'y avait de force réelle et toute prête à agir que dans une croisade. Philippe, héritier du trône d'Espagne et de Naples comme avant-garde, devait être le chef de cette prise d'armes. Les ambitions de Louis XII vinrent se mettre à travers : le roi de France voulait réunir à sa couronne le Milanais et le royaume de Naples. François Ier, héritier de ces idées, allait rencontrer sur la route de son ambition les fières bandes espagnoles[1], organisées par Gonsalve de Cordoue.

Isabelle mourut[2] avant l'accomplissement de son œuvre. Elle avait fait un testament de piété et de politique, distribuant elle-même ses richesses, instituant sa fille pour son héritière : Jeanne était alors avec son mari dans les Flandres (brillants fiefs de sa couronne); Philippe était très-aimé des Flamands ; son incomparable figure, la générosité de ses manières plaisaient au peuple de Gand, de Malines, d'Anvers, villes avancées dans la richesse et l'industrie; les Flamands avaient mauvaise tête, mais bon cœur. Ils adoraient l'enfant de leur archiduc. Charles était né le lundi 25 février, le jour de saint Mathias[3], sous le signe du poisson. Un vieil historien[4] s'exprime ainsi dans sa naïveté (nous aimons à faire connaître l'esprit et jusqu'aux préjugés d'un temps) : « Tout ce que les astrologues disent de ceux qui naissent sous un tel signe, se trouva

1. Voyez mon travail sur *François Ier et la Renaissance*, très-complet sur les guerres d'Italie.

2. Elle mourut d'hydropisie dans la ville de Medina del Campo, le 26 novembre 1504.

3. De l'année 1500.

4. Leti, *Histoire de Charles-Quint*, tome Ier.

vrai en Charles; particulièrement ce qu'en avait prédit Rutilio Benincasa dans son almanach perpétuel. Cet astrologue assure que ceux qui naissent sous cette constellation sont sujets à deux grands périls en la quinze et en la trentième année de leur âge. Deux choses qui se sont trouvées véritables en ce prince; c'était l'année du commencement de l'empire de Perse d'Ismaël le Grand, et celle dans laquelle Christophe Colomb découvrit le nouveau monde. »

Charles, baptisé par l'évêque de Tournay, eut pour parrain le prince de Chimay et de Bergue; pour marraine Marguerite d'Autriche. On le préparait ainsi à la souveraineté des Pays-Bas. Il portait en sa figure un mélange des beaux traits de son père et des mélancoliques expressions de sa mère : à Gand, Philippe reçut un message des Castilles. Isabelle morte, Ferdinand l'appelait en toute hâte pour régler la succession royale : Jeanne l'accompagna comme le reflet de son ombre; elle ne le quittait pas d'un regard. Philippe fut reçu avec enthousiasme dans la Castille; tous les cœurs venaient à lui. On disait parmi les comuneros : « Jusqu'à présent les Espagnes ont été gouvernées par les hommes, maintenant ils vont l'être par un ange[1]. » Ses beaux cheveux blonds, ses yeux bleus le faisaient ressembler aux chérubins qui entouraient la Vierge, dans la cathédrale de Séville. Sous cette douce impression, le roi Ferdinand agrandit encore les dispositions du testament d'Isabelle; il ne tenait plus à l'Espagne pacifiée; il aimait Naples et son port, ses admirables campagnes; puis il voulait librement combattre à la tête de sa chevalerie dans la croisade. Par un acte solennel, approuvé par les cortès, Jeanne et Philippe furent acclamés légitimes héritiers de Ferdinand et d'Isabelle.

Dans les entraînements des fêtes, des tournois, le bel époux de Jeanne ne se ménageait pas assez; il aimait à la fois la Castillane, les Mauresques, jusqu'aux Bohémiennes; il buvait à longs traits le vin d'Espagne généreux, « qu'il préférait aux vins du Rhin, dit l'historien Leti, comme le rubis est préférable à l'argent brut, le sequin de Venise et le doublon au maravédis. » Les médecins lui répétaient en vain qu'il usait sa vie et sa jeunesse. Jeanne le regardait d'un œil lamentable, quelquefois avec les surexcitations de la fièvre. Rien n'arrêtait Philippe, eni-

1. Dans l'historien Leti.

vré de plaisir : les mandolines l'excitaient à la danse langoureuse ou bondissante des Andalous. Il faisait l'admiration de tous par sa grâce dans les boleros ; Philippe aimait les chansons mauresques, les scagna, les rondos : il s'enflammait à la cachucha si fabuleusement dansée dans l'Alhambra et l'Alcazar. Il quitta l'Andalousie déjà maladif ; maître de tant de royaumes, plusieurs fois, en route, il s'alita ; ne pouvant marcher ou monter à cheval, il s'arrêta à Burgos et mourut dans les bras de Jeanne presque inanimée [1] ; il avait vingt-huit ans et la reine vingt-six. Jeanne enlaçait son cadavre comme pour expirer d'une même mort.

1. Le 25 septembre 1506.

VI

Jeanne la folle. — La procession du royal cadavre. — Le château de Tordesillas. — Charles-Quint et l'Espagne. — Révolte des comuneros. — Juan Padilla. — Maria Pacheco. — Affaiblissement de l'Espagne sous Charles-Quint. — Son gouvernement. — Abdication — Le monastère des hiéronymites. — Le cercueil de Charles-Quint.

(1505-1575)

Sur la route de Burgos à Valladolid, non loin de la petite ville de Palencia, une procession funèbre se déployait comme un serpent noir, taché de blanc; des moines, des pénitents portant des cierges jaunes à la main, armoriés d'un écusson royal, se groupaient autour d'une bière d'argent ouverte; là était un cadavre embaumé, vermillonné comme une figure de cire, les yeux ouverts, et d'un mat d'ivoire. A côté de la bière, tenant les mains pendantes du mort, marchait une jeune femme, les cheveux épars, le front pâle, les lèvres plus blanches qu'un suaire. Le cercueil contenait les restes de don Philippe, roi d'Aragon, de Léon et des Castilles, archiduc d'Autriche, et la femme était Jeanne, que le peuple commençait à appeler *Juana la Loca* (la folle)[1].

Cette procession suivait, silencieuse, la route de Valladolid; nul ne s'en étonnait. N'était-ce pas l'esprit de l'Espagne, où les joies et les ris portent souvent la livrée de la douleur et de la mort. Depuis un mois, Jeanne n'avait pas quitté le cercueil de son mari, que l'on honorait et que l'on servait comme s'il était vivant et roi couronné. Jeanne espérait un miracle; elle croyait que le Dieu vivant aurait pitié de sa douleur, que Philippe, comme le Lazare de l'Écriture, se lèverait debout pour lui dire: « Jeanne, je vis encore. » Elle n'écoutait rien, ne voyait rien. Enfin, l'archevêque de Burgos la menaça d'excommunication si elle ne cessait cette sacrilége exhibition d'un mort : « Si le Christ devait faire un miracle, il le ferait dans le tombeau ; il fallait rendre le cadavre à la terre sainte. » Jeanne écoutait immobile, et on la disait folle. Ses paroles ressemblaient à ces tristes plaintes[2]

1. On pourrait croire ce récit un roman ; il se trouve dans les vieux historiens espagnols.

2. Les scagna sont de longues complaintes chantées d'un air monotone, mais plein d'un charme mélancolique.

que l'on retrouve même dans les chants de l'Andalousie moderne :

Prends garde que dans l'église
Quand viendront les fiancés,
Dans l'ombre, l'écho ne dise
Le psaume des trépassés,
Tandis que pour te complaire
L'épouse te sourira
Sous un voile funéraire
C'est moi qu'on emportera.

Après l'ensevelissement de don Philippe, on renferma Jeanne dans la tour isolée des Tordesillas, où on la servait comme dans un palais ; à la multitude, Jeanne semblait une sainte, entourée de prières. Les Castillans avaient hérité du respect des Arabes pour les insensés : on disait bas que les partisans de Charles-Quint exagéraient sa folie, afin de proclamer plus vite le fils au lieu de la mère. Beaucoup d'espérances entouraient Jeanne comme la reine des constitutions de l'Espagne. Ferdinand et Isabelle avaient restreint les libertés et les codes antiques. Le peuple voyait dans Jeanne la Folle, la reine bien-aimée qui lui rendrait ses droits perdus : n'était-elle pas l'héritière directe d'Isabelle? Et cependant, au mépris de son droit, le cardinal Ximenès avait fait proclamer Charles-Quint, avec un nouveau droit de souveraineté absolue, emprunté à l'Allemagne.

La vieille et nouvelle Castille, Valladolid, Ségovie, se levèrent donc aux cris de *Viva los fueros;* l'insurrection fut complète et violente. Vingt mille hommes prirent les armes au nom des cortès, et à leur tête Juan de Padilla[1], un des vieux comtes castillans. Les gouverneurs furent chassés, et les chevaliers, les comuneros s'emparèrent de la tour de Tordesillas en proclamant Jeanne reine d'Espagne. Le peuple espérait la résurrection de don Philippe de la tombe. Jeanne signa des édits de liberté; elle soutint l'insurrection de tout son prestige. Parmi les plus fiers des insurgés était doña Maria Pacheco, la femme de don Juan de Padilla, qui la première signa l'acte de la *ligue de Tolède.* Toujours vêtue de deuil, Marie Pacheco avait fait vœu de ne point le quitter jusqu'au triomphe de la cause populaire. Tandis que Padilla soulevait Ségovie et Valladolid, doña Maria insurgeait la Vieille-Castille. Padilla publia un édit de convocation des cortès; et comme l'insurrec-

1. En 1522 : don Juan de Padilla était le fils du commandeur de Castille.

tion manquait d'argent, doña Maria résolut de s'emparer des trésors de l'église de Tolède. Elle mêla le respect, la piété à cet acte violent. Marie Pacheco, revêtue du sac de pénitence, s'avança nu-pieds jusqu'au porche de la cathédrale, où elle fit amende honorable pour le sacrilége qu'elle allait commettre, espérant que Dieu lui ferait miséricorde, car il s'agissait de sauver la Castille. Les bijoux, les châsses d'or, les flambeaux d'argent furent vendus à des Juifs et servirent à lever des soldats et à préparer la convocation des cortès[1].

Le cardinal Ximenès et le jeune roi, très-inquiets de cette insurrection qui, de Valladolid s'étendait jusque dans l'Andalousie, firent marcher les gardes flamandes et allemandes contre les rebelles. Ximenès parvint à s'emparer de Jeanne, le drapeau des insurgés; conduite à Madrid, on la fit déclarer folle et incapable de régner. Dès lors la ligue déclina comme une insurrection sans but; elle ne pouvait plus parler au nom de la reine Jeanne. Padilla, qui avait voulu mourir les armes à la main, fut arrêté, et on lui trancha la tête sans

1. Robertson, dans sa *Vie de Charles-Quint*, a raconté avec détail la révolte de Padilla. (Introduction.)

jugement. C'est du pied de l'échafaud qu'il adressa deux lettres touchantes à sa femme, doña Maria Pacheco; les historiens espagnols les ont recueillies[1]. Elles sont toujours belles, les dernières paroles de ceux qui meurent pour la patrie !

Maria Pacheco survécut à son mari et défendit encore la liberté des comuneros. Cœur exalté, femme courageuse, presque sans argent, sans soldats, elle combattit les forces réunies des Allemands et des Flamands; tant fut brillant et héroïque son courage, qu'on fit courir le bruit qu'elle ne procédait que par des sortiléges. Enfin, abandonnée par le peuple[2], doña Maria parvint à se sauver, en traversant l'Estramadure, jusque dans le Portugal, qui l'accueillit religieusement ; on récita son histoire avec autant d'enthousiasme que celle d'Inès de Castro, illustrée par Camoens.

Dans l'Espagne abaissée sous les Flamands de Charles-Quint, les cortès ne furent plus convoquées qu'accidentellement, et les priviléges des

1. Ces lettres sont très-connues. Roberston les a publiées dans son Introduction à l'*Histoire de Charles-Quint*.

2. Elle se renferma dans la citadelle de Tolède qu'elle défendit quatre mois entiers contre toute l'armée de Charles-Quint.

ricos hombres méprisés. Charles-Quint institua la *grandesse* d'Espagne pour remplacer toute autre noblesse. Les grands pouvaient rester la tête couverte de leur sombrero devant le roi de toutes les Espagnes. On modifiait aussi les privilèges des villes; les ayuntamientos (municipalités) votèrent sous la baguette des corrégidors nommés par le roi; on entrait en pleine monarchie, sous l'influence des idées allemandes. Lorsque Charles-Quint prit la couronne impériale, ce fut encore un malheur pour l'Espagne. Charles, moins Espagnol que Flamand, fit servir les doublons du Mexique, les braves regimentos d'Aragon et de Castille aux guerres de l'Empire; les bandes espagnoles servirent contre la France, en Italie, à Naples; elles lui assurèrent la victoire; les plus habiles de ses généraux étaient Espagnols. Don Pedro de Tolède, créé duc d'Albe, Castillan pur sang, sans mélange de Juif et de Maure, fut la main armée de Charles-Quint, comme Ximenès avait été sa tête politique[1]. Ce ne fut pas à défendre l'Espagne que le duc d'Albe voua son génie; mais à soutenir les droits de Charles-Quint dans les

1. Le cardinal Ximenès mourut le 8 novembre 1517 à l'âge de 81 ans.

Flandres, en Allemagne, en Italie; l'Espagne vit à peine le duc d'Albe, et à de longs intervalles. L'Empereur ne s'occupa plus des Castilles que pour leur demander les doublons de ses hidalgos; sur le champ de bataille de Pavie contre François Ier, les bandes espagnoles assurèrent la victoire; le duc d'Albe soumit Gand révolté, Anvers. Les regimientos espagnols se composaient chacun de quatre mille cinq cents hommes, archers, arquebusiers, artificiers, hallebardiers; nulle infanterie ne pouvait leur résister.

Charles-Quint, à l'imitation de Charlemagne, parcourait incessamment ses vastes États, l'Allemagne, l'Italie, les Flandres, Naples; il ne songeait à l'Espagne que pour l'assouplir à ses lois. Les cortès ne furent réunies (sous le nom nouveau d'*états*) que pour sanctionner la captivité de François Ier, et décider cette question : l'Empereur pouvait-il justement retenir le roi de France captif jusqu'à sa rançon? Les cortès décidèrent selon la volonté de Charles-Quint. Le plus grand malheur pour un État particulier, c'est d'être aggloméré dans un grand empire : il perd son importance. L'unité et la grandeur d'un empire séduisent d'abord, mais elles imposent tant de sacrifices, qu'il vaut mieux, souvent, rester petit, heureux et ignoré. Il faut plaindre les peuples qui appartiennent à un vaste État et vivent sous un grand homme, glorieux égoïste, qui met l'univers à contribution pour servir son génie et sa renommée.

La paix la plus parfaite régnait en Espagne sous la surveillance de l'inquisition : les Maures étaient contenus ; ils ne pouvaient assurément oublier leur belle Espagne arabe. Les chroniques disent que beaucoup de Maures, exilés en Afrique, se souvenaient avec émotion de Grenade, la brillante cité de leur jeunesse ; ils s'écriaient, les larmes aux yeux : « Séville, Cordoue, Grenade, nous t'avons perdues! quand pourrons-nous te revoir [1]? » Ces plaintes arrivaient, comme un écho plaintif, parmi les faux convertis de l'Andalousie : ils n'attendaient qu'une occasion de reprendre les armes. Une nation, longtemps libre et grande, ne périt pas sans regret, mais le vainqueur, à son tour, est en droit de prendre toutes les précautions pour empêcher que ces regrets ne se transforment en résistance. On porta si loin ces précau-

1. Extrait donné par Conde.

tions dans l'Andalousie, qu'on imposa aux Maures l'obligation de modifier leurs costumes, et de ne plus parler leur langue, afin d'effacer les signes de leur nationalité [1] : un chapeau, un bonnet, deviennent souvent des signes d'espérance et de liberté. L'édit défendait même l'usage des bains, trop fréquent, souvenir de la loi du prophète; il proscrivit le voile pour les femmes; la mantille fut une modification du voile, une concession à la coquetterie des Andalouses et des Grenadines.

Dans cette transformation difficile, une glorieuse distraction pour l'Espagne, ce fut le développement de la colonisation en Amérique. Après les troubles publics de Castille, sous Padilla, beaucoup de ricos hombres, d'hidalgos, compromis dans la révolte, étaient partis avec les aventuriers pour refaire leur fortune perdue; devenus possesseurs de terres immenses, les colons instituèrent une sorte de féodalité pour la défense commune, loi nécessaire de toutes les conquêtes. L'empire du Mexique devint la nouvelle Espagne. Les fortunes considérables une fois acquises, on pensa un peu moins

1. En 1526, cet édit fut fait par Charles-Quint de passage à Grenade, où l'on avait tenté de le frapper.

aux libertés perdues : les codes de *Siete partidas* furent oubliés pour les mines d'or et d'argent. Charles-Quint, désormais, pouvait librement modifier et dominer les institutions de l'Espagne ; l'esprit d'intérêt pénétrait dans les plus nobles cœurs.

Tels étaient pourtant encore l'attrait et le prestige de l'Espagne, qu'en vieillissant, Charles-Quint redevint Castillan. Le sang de Jeanne la Folle, qui coulait en plein dans ses veines, l'entraîna à une étrange résolution. Fatigué du pouvoir, l'Empereur céda la couronne impériale à son frère, et le trône d'Espagne, avec les Pays-Bas, à don Philippe, son fils, élevé à Tolède, Burgos, Valladolid et Séville ; esprit sévère pour lui et pour les autres, à peine distrait par ses voyages dans les Pays-Bas et en Angleterre[1]. Charles-Quint, vivement affecté de la mort de l'impératrice, avait montré une exaltation sombre. A cet esprit, surexcité jusqu'à la folie, tradition de sa mère, il faut attribuer sa résolution étrange et subite d'abdiquer le pouvoir.

1. L'infant don Philippe, grand amateur de tableaux, dans un voyage apporta en Espagne les plus belles toiles de l'école flamande.

L'an 1542, selon un vieil historien, Charles-Quint, était venu visiter un monastère de hiéronymites (un des ordres les plus respectés en Espagne ; ils portaient un vêtement tout blanc): le couvent était dans l'Estramadure, à deux lieues de Palencia ; la campagne, tout autour, était couverte de culture riante. En contemplant cette nature riche et vivante, Charles-Quint avait laissé échapper cette exclamation : « Voici un beau lieu pour la retraite d'un autre Dioclétien! » Ces paroles avaient été précieusement recueillies par les courtisans, et cependant ce ne fut qu'en 1553 que Charles-Quint résolut de se retirer dans cette solitude. Au milieu de vastes jardins, on fit construire un petit bâtiment en forme de cellule : « Là, dit l'historien Leti, se renferma le géant qui avait étendu ses bras jusqu'aux colonnes d'Hercule; » poëte, il a traduit cette belle réflexion en vers naïfs :

Après avoir dompté tous les pays du monde
Triomphé très-souvent sur la terre et sur l'onde,
Vers le temple de Dieu, son cœur enfin se tourne ;
Il méprise la terre, et dans le ciel retourne[1].

Désormais Charles-Quint ne s'occupa plus

1. *Histoire de Charles-Quint*, t. IV, p. 316.

que d'idées lugubres : la mort, le sépulcre, les âmes du purgatoire, culte si cher aux Espagnols : des têtes de mort peintes sur la toile, des ossements assortis étaient ses images aimées; le livre le plus feuilleté par Charles-Quint, ce fut *la Danse macabre* [1], écrit à Bâle. Les idées de trépassement devinrent si absorbantes qu'il fit demander à l'archevêque de Tolède la permission de se mettre vivant au cercueil et là, étendu, les mains jointes, d'entendre psalmodier autour de lui les prières des morts; six semaines furent employées à la construction d'un mausolée : « Le 26 août 1558 (je laisse parler l'historiographe de Charles-Quint[2]), deux heures après le soleil levé, jusqu'à quatre cents grosses chandelles teintes de noir furent disposées et allumées sur le mausolée. Devant l'autel, Charles V, vêtu de deuil, se tenait assis dans un siége, ayant à la main une grosse torche blanche qu'il appuyait à terre : s'étant levé, il s'avança au milieu de deux moines jusque devant l'autel; agenouillé, il dit : « Je te demande et supplie, ô monarque et arbitre de notre vie

1. On a écrit que Charles-Quint avait quelquefois des regrets de son abdication.
2. Leti, tome IV, p. 374.

et de notre mort, que, comme le prêtre prend de mes mains, avec les siennes, ce cierge que je lui offre avec toute l'humilité possible, de même tu veuilles agréer mon âme que je recommande à ta divine miséricorde. » La messe finie, on étendit sur ce sépulcre une couverture de velours noir avec un gros oreiller du côté du chevet; Charles V s'y étendit, vêtu d'un linceul, les mains jointes sur la poitrine et les yeux fermés. Les moines alors entonnèrent le *De profundis* et le *Dies iræ*, et pendant que le chœur continuait à chanter, les moines commencèrent à tourner tout autour du cercueil, lui jetant sur le corps de l'eau bénite. Ensuite, resté seul dans l'église, l'Empereur se leva, fit fermer les portes de l'église et retourna dans sa cellule [1]. »

On retrouvait ici le fils de Jeanne la Folle, la tête faible et ardente qui avait aspiré à toutes les grandeurs et les avait vues toutes périssables. Charles-Quint, comme un énorme vampire, avait sucé le plus beau sang de l'Espagne pour l'œuvre impériale qu'il laissait inachevée [2].

1. Dans un pays exalté, comme l'Espagne, on trouva cette cérémonie fort naturelle. (Voy. Leti, t. IV, p. 280.)

2. Charles-Quint mourut le 21 septembre 1558.

VII

Philippe II. — Ses grandeurs — Sa popularité. — *Auto-da-fé*. — Nouveaux dangers pour l'Espagne. — La Réformation. — Don Carlos. — La bataille de Lépante. — Don Juan d'Autriche — La Ligue catholique. — Les Guises. — L'infante, reine de France. — Les regimientos à Paris. — Henri IV. — La paix de Vervins. — Mort de Philippe II.

(1557-1598)

Le roi vraiment espagnol, le plus acclamé, le plus populaire, et j'ose dire le plus grand, ce fut Philippe II[1]. La figure du roi était belle, un peu sombre; ses yeux bruns, ses cils épais, ses lèvres de la maison de Bourgogne hautaines et fières, étaient surmontées de fines moustaches; il portait une légère barbe. Sa tête était couronnée d'une toque ou petit sombrero, entouré d'une torsade d'or et de perles; son justaucorps tout noir était en velours avec fraises de dentelle, sur laquelle pendait la Toison d'or. Philippe II était beau de toute sa personne, avec une empreinte de fierté et de tristesse; élevé

1. Fils de Charles-Quint et d'Élisabeth de Portugal, naquit à Valladolid le 21 mai 1527.

en Espagne, il n'avait résidé que passagèrement dans les Pays-Bas et en Angleterre, dont il avait été un moment le souverain[1].

Le roi arrivait en Espagne ; les acclamations le saluèrent lorsqu'à Valladolid il assista, le front sévère et respectueux, aux fêtes, aux courses de taureaux, aux processions du San-Benito, aux auto-da-fé. Il faut prendre une époque avec ses mœurs : les choses qui paraissent odieuses à notre temps étaient fort populaires au seizième siècle ; les actes les plus inflexibles sont quelquefois acclamés par les multitudes. Philippe II résida d'abord à Valladolid, Ségovie, les villes ardentes pour la sainte foi. Ce redoublement de rigueur s'expliquait, car un nouveau danger menaçait l'Espagne ; la réformation de Luther, triomphante dans une partie de l'Allemagne, en Angleterre avec Henri VIII, venait de pénétrer dans la Navarre sous la protection de la maison d'Albret : la politique des princes de Béarn était de provoquer le principe de la réformation afin de troubler l'Espagne. La liberté de conscience, heureuse conquête des temps modernes, était

1. Par sa seconde femme, Marie, fille de Henri VIII, roi d'Angleterre.

à ce siècle un grand péril pour l'Espagne, à peine délivrée des Maures ; sa constitution était fondée sur l'unité religieuse. Dans les temps de crise, le pouvoir ne peut permettre la liberté d'une opinion hostile à son principe : on ne fait de grandes choses qu'avec l'unité.

Cette idée menaçante de la réformation était représentée en Espagne par l'infant don Carlos, fils de Philippe II[1]. On a entouré la vie de ce prince de légendes cruelles : Schiller les a reproduites en drame. Carlos, esprit exalté jusqu'à la fureur écumante, conspira incessamment contre son père qui lui pardonna toujours : nous en avons maintenant les récits authentiques[2]. Don Carlos était un désespéré, un fou qui cherchait la mort par les excès ; quelquefois il jeûnait quatre jours pour mourir de faim, ou bien il mangeait à outrance. Il n'y eut contre Carlos ni procédure de l'inquisition, ni ordre de Philippe II pour le livrer au supplice. Don Carlos mourut dans un accès de rage ; les uns disent qu'il se précipita au milieu du feu, les autres qu'il se laissa mourir de faim.

1. Et de Marie de Portugal, né à Valladolid le 8 janvier 1544.

2. Archives de Ximanca. (Voy. mon livre sur *la Réforme et la Ligue*.)

C'est en vertu de son titre de catholique que l'Espagne se mit à la tête de la croisade publiée contre les Turcs conquérants. Don Juan d'Autriche dut commander l'armada espagnole (il avait vingt-cinq ans). Ensuite il fut nommé amiral de toutes les flottes chrétiennes. Ce jeune et courageux prince avait été élevé loin de la cour jusqu'à la mort de Charles-Quint; à ce moment solennel, l'Empereur avait révélé le secret de sa naissance à Philippe II. Devenu roi, Philippe appela Juan dans un rendez-vous de chasse à Valladolid ; devant le roi de toutes les Espagnes, Juan s'agenouilla comme tout le peuple; Philippe vint à lui, le releva avec tendresse : « Sais-tu quel est ton père ? » Juan rougit. « Ton père est le mien, » reprit le roi en l'embrassant. De ce point de départ, don Juan s'était élancé dans la grande carrière. Il avait fait la guerre populaire contre les Maures, une fois encore soulevés. Les archives de Ximanca contiennent la preuve que des correspondances très-actives

1. Don Juan naquit à Ratisbonne le 25 février 1546 : il fut remis entre les mains de Louis de Quixada, l'unique confident de Charles-Quint : il mourut près de Namur le 1er octobre 1578.

étaient échangées entre les Maurisques convertis, le dey d'Alger, et le roi du Maroc. Le conseil de Castille décida qu'on prendrait de sévères mesures : une thèse de la célèbre université d'Alcala posa ce principe : « Qu'en fait d'ennemis, il faut en laisser le moins qu'on peut : *de los enemigos, siempre lo menos.* » Le gouverneur de Grenade demanda des regimientos, et leur prompte arrivée fit avorter le projet d'insurrection : des messages furent interceptés ; on apprit que les Maures de Fez devaient tenter un débarquement sur les côtes d'Espagne, que ceux d'Alger seraient reçus à Almerie ; huit ou dix mille hommes devaient entrer dans Grenade la nuit de Noël pour aider les Maurisques insurgés. Le marquis de Mondejar, alcade gouverneur de la province, augmenta la garnison d'Almerie, plaça des postes sur toute la côte. A ce moment les Maurisques en armes, dans les montagnes de Grenade, élurent pour roi, un Maure, baptisé sous le nom de Ferdinand de Valor [1], et qui prit celui de Muhamed-Ben-Omeya, comme descendant des califes de Cordoue. Au nom du Prophète, tous les assistants

1. Conde a donné tous les détails sur ce soulèvement des Maures de l'Andalousie à la fin de son livre.

jurèrent de mourir pour Allah, et prêtèrent serment de fidélité à Muhamed-Ben-Omeya.

Don Juan d'Autriche, chargé de réprimer cette insurrection des Maures, agit avec une prudence extrême. Tempéré dans ses paroles, juste dans ses actes, Juan pacifia le royaume de Grenade sans effusion de sang. Il prit une de ces mesures que les temps modernes ont vu se reproduire souvent contre les vaincus. Don Juan dispersa les Maures de l'Andalousie dans les diverses provinces de l'Espagne [1], afin qu'ils ne pussent plus se grouper. Il repeupla Grenade d'Espagnols, vieux chrétiens, et depuis le royaume de Grenade fut pacifié.

De là don Juan vint prendre à Messine le commandement de la flotte espagnole [2], qui, unie aux Vénitiens et aux Génois, devait délivrer la Méditerranée du pavillon turc. La grande journée de Lépante sauva l'Europe du ravage. Don Juan avait parcouru les rangs des

1. Ils furent dispersés dans l'Aragon, à Valence et dans la Catalogne.

2. Il s'embarqua à Messine le 16 septembre 1571 et arriva le 7 octobre dans le golfe de Lépante. Il partagea ses vaisseaux en trois divisions, donna le commandement de la droite à l'amiral génois, Jean-André Doria; celui de la gauche à Augustin Barbarigo, amiral vénitien.

vaisseaux un crucifix à la main. On lui dut la victoire.

Philippe II vit encore grandir sa puissance; jamais il ne dévia de sa ligne politique. Les bandes espagnoles franchirent les Flandres pour rencontrer les huguenots de France, que l'amiral Coligny commandait : à Saint-Quentin [1] l'armée calviniste fut poussée les hallebardes dans le dos jusqu'à Compiègne. Philippe II, dans sa piété exaltée, avait fait vœu d'élever une église en l'honneur de saint Laurent, si Dieu lui donnait la victoire. Dans le village de l'Escurial, un peu triste, au milieu d'un champ presque désert, il consacra une église, couvent et palais à la fois; abandonnant les formes maurisques, riches, brillantes et hardies, le roi choisit une architecture sévère, un peu bizarre et toute espagnole. L'Escurial se composait de vastes appartements, de cellules groupées et arrangées de manière à représenter le gril sur lequel saint Laurent avait été brûlé. Tout se rattachait alors aux légendes de saints, aux histoires sombres et pieuses.

Après la victoire de Saint-Quentin, l'alliance

1. Le 10 août 1557.

de Philippe II avec la grande maison de Guise fut un acte politique commandé par la situation. Les Valois, incertains et tièdes, ne pouvaient satisfaire les catholiques, ardents et soulevés dans la Ligue. Charles IX, un moment sous la main des huguenots, n'avait pu se relever dans l'opinion du peuple de Paris [1] que par la Saint-Barthélemi. Henri III, esprit faible, souvent soumis au parti de la Réforme, n'avait pas assez d'énergie pour soutenir et développer les intérêts des catholiques. La maison de Guise, seule, était destinée à réprimer les huguenots, qui avaient leur point d'appui dans les Pays-Bas; les Guises étaient les hommes forts du temps. L'Espagne donc les soutenait, et un traité d'alliance mit la Ligue sous la protection de Philippe II; les regimientos espagnols entrèrent à Paris bannières déployées. Henri III (le Valois), déchu du trône, frappé par le Parlement et les assemblées, était en pleine déchéance. Le petit Béarnais, l'enfant de la Navarre, Henri IV, se présentait comme le légitime héritier de la couronne de France : l'Espagne

1. Voyez sur la joie des Parisiens à la Saint-Barthélemi, mon travail sur *la Réforme et la Ligue*.

devait le combattre après l'avoir si longtemps méprisé.

Henri de Béarn était le fils d'une race parfaitement détestée des purs Castillans ; les Navarrais formaient un peuple dédaigné par les Espagnols ; placé au pied des Pyrénées, durant le moyen âge, il ne s'était nullement fusionné avec les Castilles et même l'Aragon. Les princes du Béarn avaient ouvert leurs frontières à la réformation ; ils étaient les protecteurs de d'Andelot, de Caumont, Gramont, Biron, braves chevaliers qui marchaient sous les enseignes de la Navarre. Le prince du Béarn, de son côté, détestait cordialement les Espagnols ; il avait cherché des appuis partout, chez les Anglais, les Allemands, les gueux des Pays-Bas, les Suisses, rudes montagnards. Henri, coiffé de son vieux feutre gris, son pourpoint percé, bravement combattait les regimientos espagnols conduits par le duc de Parme ; on luttait avec acharnement entre Castillans et Navarrais. Dans sa correspondance, Philippe II ne nomme jamais Henri que le *prince du Béarn*[1]; il ne le reconnaît pas comme roi de Navarre, province

1. Correspondance dans les archives de Ximanca.

dont il faisait entrer le blason dans l'échiquier de sa monarchie.

Les regimientos espagnols occupèrent Paris, appelés par les ligueurs. Dans les états généraux, convoqués après la mort de Henri III, Philippe II soutint le droit à la couronne de France de l'infante sa fille[1], ardente catholique. Les Espagnols secondèrent les Parisiens assiégés par Henri de Béarn. Quand la trahison de quelques chefs livra Paris à Henri IV, les troupes espagnoles durent sortir avec leurs armes. Elles passèrent fièrement sous la porte Saint-Denis. Le roi Henri IV les salua de son feutre usé, de son panache d'un blanc sale, et, dans sa joie d'être maître de Paris, il leur lançait quelques petites goguenardises, dans cette langue de Béarn, que Henri parlait si bien. Les regimientos se retirèrent vers les Flandres, sans jamais tourner le dos. Mille caricatures étaient lancées pour dépopulariser les Espagnols. On les peignait avec leur teint olivâtre, leur gros nez en forme d'oignon, montrant *leur cul*[2] en fuyant devant Henri de

1. 1588. Philippe II disait déjà : « Ma bonne ville de Paris, ma bonne ville d'Orléans. »

2. Il existe à la Bibliothèque impériale un admirable recueil de caricatures contre les Espagnols.

Navarre. La *Satyre Ménippée* fut surtout dirigée contre les Espagnols et leurs amis les ligueurs. Les hostilités se continuèrent entre la France et l'Espagne.

Pour réaliser son projet de monarchie universelle, Philippe II lança ses bandes espagnoles contre le Portugal[1], cherchant ainsi à compléter l'union ibérique. L'éparpillement des forces de la monarchie sur tous les points diminua les succès de la guerre dans les Flandres ; les bandes espagnoles n'étaient fortes que de leur discipline et de ce courage ferme, inébranlable, qui en faisait des murailles. A ces fiers regimientos, Henri IV opposa l'infanterie suisse, les lansquenets allemands, les arquebusiers à deux mèches. Les Pays-Bas étaient toujours soulevés; les Hollandais devenaient une puissance indépendante et maritime, alliée de Henri IV; l'Angleterre se prononçait contre l'Espagne, qui faisait encore une magnifique tentative: cette formidable *Armada* jetée dans la Manche, menace terrible contre l'Angleterre[2], une tempête la dispersa. Il y avait des

1. Il y avait des droits par sa mère Isabelle. Le duc d'Albe, en trois semaines, soumit le Portugal en 1580.

2. Cette escadre était commandée par le duc Medina-Sidonia (1588).

caravelles de 120 canons ; des galères à deux cents rames, en la forme catalane. Une seconde armada, qui s'était dirigée vers l'Irlande, éprouva le même sort ; les navires espagnols vinrent se briser sur les rochers.

Ces désastres modifièrent les idées de Philippe II et calmèrent sa fierté ; il avait jusqu'ici traité avec dédain le petit prince de Béarn, devenu roi de Navarre. Henri, habile, d'un courage indomptable, s'était élevé sur le trône de France ; abdiquant le huguenotisme, il s'était fait catholique ; il n'avait plus d'intérêt à combattre l'Espagne, elle-même fatiguée des guerres et aspirant à la paix. Dans cette pensée s'engagèrent les négociations pour le traité ce Vervins[1]. Le pape était intervenu comme médiateur pour réunir toutes les forces de la chrétienté contre les Turcs. Le traité de Vervins contenait des stipulations peu considérables, des échanges de petites places conquises ou perdues : Cambrai, Amiens, Calais pris et rendus. L'article important, était le rapprochement de la France et de l'Espagne, en présence des forces de l'Angleterre, de la Hollande et de

1. Signé en 1598.

l'insurrection du Portugal : les palais de Coïmbre et de Maffra ne voulaient pas s'abaisser devant l'Escurial ; l'Espagne acquérait trop en Amérique pour que le Portugal ne lui portât pas une extrême jalousie.

Tôt ou tard aussi, l'Espagne devait céder les Pays-Bas: à quoi lui servaient ces provinces éloignées, la France étant posée entre elles pour les séparer? Par mer, il fallait des flottes harcelées par les Anglais. Si Philippe II avait réalisé ses projets sur la couronne de France, les Pays-Bas devenaient une annexe; ce projet n'avait pas réussi ; les Espagnols avaient à traverser la Franche-Comté et l'Alsace pour gagner les Flandres. Le système consacré par le traité de Vervins créait un grand fief des Pays-Bas, avec l'infante Isabelle, souveraine, mariée à l'archiduc Albert[1], fusion de l'esprit allemand et espagnol. A cette époque il faut reporter la première idée d'une Belgique indépendante ; la position des Pays-Bas était exceptionnelle ; placée entre la Hollande devenue un grand État, l'Allemagne à ses flancs, la

1. Fils de Maximilien II, naquit en 1559. Il avait été, très-jeune, cardinal-archevêque de Tolède, puis vice-roi du Portugal. L'archiduc Albert mourut en 1621.

France à son dos, il fallait des garanties nécessaires à son indépendance. Le traité de Vervins les établit : depuis elles se sont développées.

La mort de Philippe II arriva presque le lendemain du traité de Vervins[1], tandis que l'archiduc Albert et Isabelle se rendaient en Espagne pour lui rendre foi et hommage des Pays-Bas. A la mort de Philippe II, la monarchie espagnole était absolue : de l'Escurial partaient tous les ordres exécutés sans discussion. On ne trouve pas une assemblée de cortès délibérant sur les affaires publiques. Un pouvoir seul, à la face du roi, l'inquisition, s'élevait à une grandeur particulière, comme garantie de l'unité et de la nationalité espagnole. L'autorité restait dans les mains du grand inquisiteur, figure imposante, gardienne de la vieille Espagne, comme Caton l'était des mœurs de Rome ; les rois étaient soumis au saint-office comme les peuples, en vertu du principe de l'égalité chrétienne : l'inquisition, conservatrice des traditions espagnoles, maintint ce caractère fier, un

1. Le 13 septembre 1598. Avant sa mort, Philippe II donna des ordres pour ses funérailles, et fit apporter son cercueil dans sa chambre, le plus près possible de son lit. Ces folies de la mort étaient héréditaires dans la famille de Jeanne, Charles-Quint et Philippe II.

peu soupçonneux, qu'on retrouve sous toutes les dictatures, dans la Rome des Césars, et durant la Révolution française. Est-ce que les comités de la Convention épargnaient les suspects ? L'inquisition donnait les certificats de catholicité, comme les comités populaires en donnaient de civisme ; elle poursuivait les mauvais chrétiens, comme l'accusateur public poursuivait les mauvais républicains : l'identité est parfaite. Ainsi on sauve et l'on grandit un pays dans les crises.

VIII

L'Espagne après Philippe II. — Caractère de Philippe III. — La littérature et les arts en Espagne. — Lope de Vega. — Calderon. — Cervantès. — Velasquez. — Murillo. — Le duc de Lerme. — Expulsion définitive des Maures. — Philippe IV, roi artiste et poëte. — Les Espagnols dans la Fronde. — Le traité des Pyrénées. — L'infante Marie et Louis XIV enfant. — Universalité de la littérature espagnole.

(1598-1620)

Une grandeur incomparable avait couronné le règne de Philippe II; sous ce roi sévère et glorieux, l'Espagne réalisait son unité et sa nationalité. Le superbe duc d'Albe, vieillard à la longue barbe blanche (il avait soixante-quatorze ans), avait conquis le Portugal[1]; l'union ibérique était accomplie : il n'existait plus qu'une loi, plus qu'une seule volonté dans les Espagnes, et cette volonté était grave, intelligente.

Il en résultait un bonheur général et une sécurité parfaite. Les règnes de Philippe II et de Philippe III[2] furent essentiellement paisibles

1. Le duc d'Albe, un moment exilé, mourut le 12 janvier 1582, un an après avoir conquis le Portugal.

2. Fils de Philippe II et d'Anne d'Autriche, né à Madrid le 14 avril 1578; il monta sur le trône le 13 septembre 1598.

(à l'intérieur); l'obéissance et le repos étaient partout; le saint-office secondait les efforts du roi et des vieux Espagnols; il était dur, inflexible. On remarquera que les pouvoirs suprêmes, même despotiques, ne sont implacables qu'envers ce qui résiste; la société obéissante n'a rien à redouter; elle jouit d'un bonheur particulier; elle a le loisir de travailler et de se distraire: les turbulents qui murmurent et s'opposent sont seuls châtiés; les autres peuvent se livrer avec sécurité au commerce, à la littérature et aux beaux-arts.

Ainsi resta l'Espagne sous Philippe III et Philippe IV; elle jouit du développement intellectuel que mérite une société paisible. Un poëte espagnol, du dix-septième siècle[1], reporte même l'origine de la comédie, à Ferdinand et Isabelle, à l'expulsion des Maures et peut-être à l'inquisition.

. . . . En la dichosa era
Que aquellos gloriosos reyes,
Dignos de memoria eterna,
Don Fernando e Isabel
(Que ya con los santos reynan)

1. Ag. de Rojas, dans son ouvrage intitulé *Viage entretenido*.

De echar de España acababan
Todos los Moriscos, que eran
De aquel reino de Granada
Y entonces se daba en alla
Principio a la inquisition
Se le dió a nuestra comedia.

« Aux temps fortunés où nos glorieux rois, dignes d'éternelle mémoire, Ferdinand et Isabelle (qui règnent maintenant parmi les saints), achevaient de chasser de l'Espagne les Morisques de Grenade, dans le temps où l'inquisition s'établit en ce royaume naquit la comédie. » Jamais la galerie des poëtes ne fut plus brillante et le théâtre plus animé.

Lope de Vega, le premier d'entre les poëtes, publia des sonnets, pièces comiques, drames [1], avec une fécondité qui tenait du prodige. Lope de Vega, esprit libre et charmant, se glorifiait de son titre de familier du saint-office; il en devint même le chef. Il conduisait sa confrérie, bannière au vent, dans les auto-da-fé, comme le devait un vieil Espagnol. Calderon [2] appartenait

1. Lope Felix de Vega naquit à Madrid, près de la porte de Guadalaxara, le 25 novembre 1562; il mourut le 21 août 1635.

2. Don Pedro Calderon de la Barca, né à Madrid en 1600. Son père était secrétaire du Conseil des finances; Calderon mourut le 25 mai 1681.

aussi à l'inquisition, pour lui un titre d'orgueil, ce qui ne l'empêchait pas d'être fort gai, un comique charmant et amoureux. Tous les dramatistes espagnols appartenaient au saint-office : Tirso de Molina, Moreto, Solis; Montalban, disciple chéri de Lope, était secrétaire de l'inquisition.

Calderon avait conquis la plus vive amitié du roi Philippe IV, lui-même poëte passionné, jusqu'à jouer la comédie avec Calderon. Un jour, ils improvisaient une saynète, dont le sujet était la création; le roi représentait le personnage de Dieu, Calderon faisait celui d'Adam. Calderon commençait la description du paradis, quand il vit le roi qui bâillait. Interdit, il s'arrête, et d'un regard inquiet interroge : « Vive moi ! (vive Dieu) réplique aussitôt Philippe IV, je ne croyais pas avoir créé un Adam si bavard ! » Calderon se mit à rire et la comédie continua gravement après cette espèce d'intermède [1].

Cervantès résume et décrit, dans son livre admirable, le véritable caractère espagnol du quinzième au seizième siècle. L'histoire de l'in-

1. Voir les excellentes préfaces de M. Damas Hinard.

comparable chevalier de la Manche dessine le tableau des mœurs de l'Espagne, alors fort gaie, fort distraite sous le régime de l'inquisition et de la Sainte-Hermandad. Cervantès [1], brave soldat, estropié à la bataille de Lépante, puis captif des Maures, et racheté par les pères de la Merci, vécut dans les palais de la grandesse, comme dans les posadas des routes : s'il se raille quelquefois de la baguette de l'alguazil, il respecte le saint-office, dont il était un des familiers les plus assidus, assistant aux auto-da-fé (et il s'en vante). Sancho Pança est un de ces bons laboureurs de la Manche, chrétiens de père en fils, et qui en fait son orgueil ; il n'a dans ses veines ni sang maure, ni sang hérétique. On retrouve cette même ardeur catholique dans les grands artistes, Velasquez, Murillo, qui tous appartiennent à la Sainte-Hermandad. Murillo [2], le peintre des vierges célestes, l'était aussi des bannières du saint office et des petites images que les dominicains expédiaient aux Amériques pour la conversion des Indiens. Zurbaran est le

1. Cervantès Saavedra naquit à Alcala de Henarès dans la Nouvelle-Castille en 1547 ; il mourut à Madrid le 23 avril 1616.
2. Né à Séville le 1er janvier 1618 et mort dans la même ville le 3 avril 1682.

véritable peintre des ascètes; nul ne représente mieux les chairs nues et écaillées des solitaires, macérés de jeûnes et de pénitences en face d'une tête de mort.

Philippe III, bien jeune encore[1] lorsqu'il monta sur le trône des Espagnes, infant, puis roi, plaça sa couronne sous l'épée du duc de Lerme, de la famille des Sandoval[2], esprit sérieux, lettré. Philippe, d'un caractère faible, incertain, avait épousé Marguerite d'Autriche, qui tenait la cour la plus aimable et la plus gaie. Avec tout l'or des Indes, il ne pouvait pas encore satisfaire ses goûts fastueux; il voulait à la fois conquérir Alger, soumettre l'Afrique, soutenir le gouvernement des Pays-Bas. A Philippe III et au duc de Lerme on dut la vaste organisation de l'Amérique sous une forte et intelligente administration. Ce n'était pas chose facile de gouverner ces pays lointains, de dominer, de diriger les vice-royautés soumises au sceptre de l'Espagne. Philippe III soutint la guerre des Pays-Bas contre l'Angleterre et la

1. Il avait alors 20 ans.

2. François de Roxas de Sandoval, duc de Lerme, nommé premier ministre en 1598. Disgracié, son fils le duc d'Uceda lui succéda comme premier ministre.

Hollande. Il aurait atteint son but de répression si un ennemi nouveau n'était venu se joindre aux rebelles de l'Espagne. Louis XIII et Richelieu soutinrent la révolte des Pays-Bas et les Anglais appuyèrent en Portugal la révolution qui porta la maison de Bragance sur le trône. Philippe III n'avait ni la portée de génie, ni l'énergie de son père; il avait moins de rigidité dans les mœurs; le duc de Lerme, esprit avancé, aimait l'agriculture, le commerce, les finances. Tout en exécutant avec fermeté les mesures de sûreté générale qui expulsaient les derniers Maures de l'Espagne [1], le duc de Lerme voulut remplir le vide qu'allait faire l'exil de cette population industrieuse dans le royaume de Grenade et de Valence; il accorda de nombreux privilèges aux commerçants, laboureurs, leur concédant des patentes pour établir les métiers de soie, de velours, de draps : Séville, Ségovie, Valladolid restèrent des villes manufacturières, les laboureurs devinrent des hidalgos très-protégés; on peut voir par le portrait du riche Gamache, dans ses noces somptueuses (*Don Quichotte*) ce qu'était un vrai laboureur

1. Le 10 janvier 1610.

espagnol aussi respecté que le duc Medina-Celi et d'Olivarès. L'administration du duc de Lerme fut excellente; il accomplit la refonte des monnaies, inévitable par l'abondance de l'or venu du Mexique et du Pérou, colonies alors aussi paisibles que les plus vieilles provinces d'Espagne. On doit reconnaître un grand art de colonisation chez les Espagnols et les Portugais, car ils pacifient, dominent et administrent en moins d'un siècle des terres plus vastes que l'Europe. Le duc de Lerme fut un des négociateurs du double mariage espagnol et français. Louis XIII épousa Anne d'Autriche[1] et la sœur du roi de France, Élisabeth, devint princesse des Asturies.

Philippe IV[2] recommença la guerre avec la France, comme si les alliances de mariage n'avaient pas été accomplies; durant la Fronde, les Espagnols prirent parti pour les ennemis du cardinal Mazarin. On vit une fois encore les bandes espagnoles combattre sur les frontières des Pays-Bas, en Flandre, dans la Franche-Comté. Les archives de Ximanca donnent la

1. En 1612.

2. Philippe III mourut le 21 mars 1621; Philippe IV, son fils et de Marguerite d'Autriche, était né le 8 avril 1605.

preuve que les principales intrigues des frondeurs étaient soldées avec les doublons d'Espagne; il en circulait à pleins sacs à Paris. L'Espagne pensionnait les princes, les chefs de la Fronde. Philippe III, en refondant les monnaies, en avait frappé de merveilleusement belles, les douros, les doublons : on ne voyait que cet or parmi les frondeurs comme au temps de la *Satyre Menippée* sous Henri IV. Les caricatures représentaient l'Espagnol une bourse de doublons à la main les répandant sur le sol comme un doux carillon : Cinq-Mars, Marion de Lorme et Ninon de Lenclos recevaient force doublons d'Espagne. Philippe IV, très-prodigue, ne s'en inquiétait pas. Pour lui, le théâtre, les ravissantes saynètes de Calderon étaient tout; il aimait même à composer les pièces de théâtre[1] comme un simple collaborateur de Calderon qu'il comblait de bienfaits. Le poëte s'en montrait reconnaissant et chantait la gloire du roi qu'il appelait son héros.

Philippe IV, absorbé par ses joies littéraires et ses goûts d'artiste, se reposait pour son gou-

1. On lui attribue plusieurs pièces, l'une porte ce titre *Dar su vida por su dama :* Donner sa vie pour sa dame.

vernement sur le duc d'Olivarez [1] qui faisait la guerre partout; l'Espagne n'était pas heureuse contre la France qui avait grandi en force et en tactique militaire. Un jeune homme d'origine de Béarn et de Navarre, le prince de Condé, battait les vieilles bandes à Rocroi. La nouvelle infanterie française devenait supérieure aux regimientos. Le cardinal Mazarin était premier ministre sous Louis XIII, et don Louis de Haro [2] avait remplacé Olivarez auprès de Philippe IV. Ces deux grands esprits s'étaient rapprochés par la crainte d'une alliance de l'Angleterre et de la Hollande. Déjà sous Henri IV et Louis XIII il y avait eu des mariages espagnols dans la dynastie des Bourbons; les deux ministres voulurent assurer la paix par l'union de Louis XIV à dix-huit ans avec l'infante Marie-Thérèse. Le traité de paix fut signé dans l'île des Faisans [3]. On peut en voir l'histoire illuminée dans *le Mercure*. Les gentilshommes français et espagnols entre eux conservaient leur fierté et leur

1. Gaspar Guzman, comte-duc d'Olivarez, né à Rome, était le descendant de la famille des Guzman, l'une des plus illustres de Castille; il mourut à Toro en 1645.

2. Né à Valladolid en février 1598; il était le fils de don Diego de Haro y Sotomayor, marquis del Carpio.

3. En 1659.

jalousie. La morgue empesée du Castillan faisait contraste avec l'élégance cavalière des gentilshommes français[1]. Aucun ne voulant céder le pas, ils se saluaient, en habit de gala, le chapeau aux plumes flottantes. L'Espagnol tout vêtu d'or était un peu compassé dans sa démarche; sa longue rapière suspendue à son ceinturon excitait la gaieté du Français; son golille empesé comme du carton emprisonnait son cou, tandis que les gentilshommes français, couverts de pourpoint galant et de dentelle, riaient de toutes leurs belles dents. Le roi Louis XIV était encore le jeune prince, charmant espiègle, amoureux des filles d'honneur de la reine et de Madame[2]. Mazarin portait la splendide robe de cardinal; le plénipotentiaire Louis de Haro avait suspendue au cou la toison d'or de Charles V et l'habit des chevaliers de l'ordre de Calatrava. Dans les fêtes, la gravité espagnole fut un peu oubliée : si Mazarin fit danser les ballets de l'Opéra italien, Louis de Haro donna le spectacle des danses mauresques, bolero, cachucha, fandango, et cela lui fut d'autant plus facile qu'une colonie de Bohé-

1. Voir mon *Louis XIV*.
2. Voir mon petit livre sur *Madame de Montespan*.

miens ou Maurisques s'était établie dans les Pyrénées sous le cardinal Richelieu ; elle avait offert de défricher les terres et de les rendre irrigables par les canaux à la façon des huertas de Valence et de Séville.

Du mariage de Louis XIV et de l'infante, date l'influence considérable de la langue et de la littérature espagnoles sur l'esprit français. Le théâtre, jusque-là avait fait ses emprunts aux auteurs grecs et romains, au théâtre italien, aux poëmes du Tasse et de l'Arioste; Venise, Florence, Rome, défrayaient les tréteaux du pont Neuf et de la place Dauphine. Sous l'influence de Marie-Thérèse d'Espagne, le théâtre français se transforme. Corneille traduit le *Cid*, expression de la vie fière et galante de l'Espagne. Toute la place Royale respirait ce parfum ; on parlait espagnol non-seulement à la cour, mais encore parmi les précieuses du Marais : l'esprit matamore, fanfaron des Castilles fut copié par les mousquetaires, le chapeau couvert de plumes et en pourpoint; le sombrero ornait la tête des gardes du roi ; le capitan fut le grand héros des pièces de théâtre.

Philippe IV fut obligé de céder des fragments de territoires dans la Franche-Comté, l'Artois et le Roussillon, quelques cantons des Pyrénées : il avait perdu le Portugal[1]. L'Espagne était comme ces vieux habits qui se déchirent par fragments. Tout s'affaiblissait : l'inquisition, molle et endormie, n'avait plus la vigilance des temps glorieux de Philippe II ; elle s'occupait moins des affaires d'État que des petites persécutions particulières sur les dogmes et l'hérésie. Les auto-da-fé n'étaient plus des actes politiques pour châtier les complots, mais une répression étroite sur des questions de théologie. Les institutions ont toutes leur temps de grandeur et leur décadence ; les ordres religieux jalousaient l'inquisition et les jésuites la repoussaient d'une façon absolue. Après Philippe II, les rois d'Espagne ne la considèrent plus que comme un vieux glaive émoussé : certaines idées de liberté, d'indépendance se montraient parmi les clercs, jaloux de l'influence des dominicains maîtres du saint-office.

Ce n'était pourtant pas un roi sans patriotisme que Philippe IV ; s'il aimait assurément les plaisirs, la joie, les fêtes, il sentait les affronts et les malheurs publics ; il avait délégué

1. La maison de Bragance était très-protégée par les Anglais.

toute son autorité au duc d'Olivarez, et après lui au duc d'Uceda. La coutume des couronnes alors était de donner le gouvernement de l'État à un premier ministre : témoin Richelieu et Mazarin. Les destinées de l'Espagne furent confiées successivement aux ducs de Lerme, Uceda, Ossuna, Olivarez : cette coutume dégageait l'autorité royale de toute responsabilité : « Le roi régnait et ne gouvernait pas, » pour nous servir d'un aphorisme moderne. Philippe III et Philippe IV, pleins d'orgueil de leur couronne, aimaient les gloires de l'Espagne, et ils en sentaient les malheurs. Quand le roi Philippe IV apprit la perte de la bataille de Villa-Viciosa[1], qui lui fit perdre le Portugal, il s'affaissa sur lui-même, et depuis cette catastrophe, sa vie s'en alla[2]. Les rois d'Espagne de la maison d'Autriche se mêlaient à l'esprit et à l'histoire de leur nation.

Philippe IV eut pour successeur Charles II[3], sous la tutelle d'Anne d'Autriche, sa mère. A quinze ans, majeur, il s'enfuit, comme un enfant inquiet, pour se mettre sous la garde de Don Juan d'Autriche[4], le second bâtard qui

1. En 1665.
2. Philippe IV mourut le 17 septembre 1665.
3. Né le 6 novembre 1661, il fut salué roi le 15 octobre 1665.
4. Fils naturel de Philippe IV et d'une comédienne, nom-

porte le nom de Juan. Voluptueux de tempérament, Charles II se livrait à toutes les fougues du plaisir : il est difficile qu'on ne se permette pas tout, quand on a un monde sous son sceptre et de l'or à pleins galions. Dans ces beaux châteaux de la Castille, où les fleurs sont si odorantes et les nuits si belles, on peut rêver les plus capricieuses fantaisies. Les chroniques disent que la distraction favorite de Charles II était d'avoir une compagnie de nains et de naines, qu'il faisait danser et déclamer, et des chanteurs italiens à la mélodieuse voix ; il avait une ménagerie d'animaux rares, renfermés dans l'Escurial : des perroquets aux couleurs de feu, des flamands rouges et des singes verts. Il aimait les baladines mauresques ou bohémiennes. Sa poitrine se gonflait de désirs dans la lutte terrible entre le scrupule et les sens, on s'en apercevait à ses yeux ardents, à son teint pâle, aux pommettes rouges de ses joues, à sa poitrine qui bouillonnait à l'aspect d'une comédienne.

La santé du roi Charles II était si faible, qu'on

mée Maria Calderona, né à Madrid en 1629. Charles II le nomma son premier ministre. Don Juan mourut le 17 septembre 1679 à Madrid.

lui pardonnait ses moindres caprices; il y a une mélancolie particulière répandue sur ces êtres frêles et maladifs, qui veulent garder la vie et ne peuvent la retenir. Charles II reprit un peu de joie lors de son mariage avec Louise d'Orléans, nièce de Louis XIV [1]. La reine d'Espagne n'avait pas d'enfant quand elle mourut, jeune et aimée du roi inconsolable. Il n'épousa, que deux ans plus tard, Anne de Neubourg, fille de l'illustre Palatin, et sœur de l'impératrice. Charles II n'aima que faiblement sa seconde femme ; le souvenir de Louise d'Orléans était resté présent à sa pensée. On retrouve dans le roi d'Espagne épuisé cette fantaisie de la mort et de tombeaux, le goût étrange de couvrir de baisers les cadavres, caprice funèbre qu'on peut faire remonter, dans cette famille, à Jeanne la Folle. Charles II fit lever la pierre des tombeaux pour embrasser les joues glacées de sa femme, de son père et de sa mère.

Sous le règne de Charles II, plusieurs guerres se firent sans le roi qui en laissait tout le soin au duc de Medina-Celi, au jeune comte d'Oropesa, puis au cardinal Portocarrero : tant cette

1. Après la paix de Nimègue et comme une condition du traité.

existence était condamnée qu'on ne s'occupait plus de son règne, mais de sa succession : Charles II était sans enfants. Qu'allait devenir ce riche patrimoine? La maison d'Autriche, la source commune et forte, avait des droits incontestables. Louis XIV prétendait par les femmes à cette succession en vertu des mariages. Les Espagnes avec les Amériques, les Flandres, la Franche-Comté, Naples resteraient-elles unies après la mort de Charles II, ou bien les partagerait-on, seul moyen d'empêcher la guerre! Comme dans toutes les dynasties épuisées, il n'y avait plus assez d'énergie dans la branche autrichienne pour supporter un poids aussi lourd ; il fallait une transfusion de sang. L'Espagne était trop vaste, trop mêlée au monde pour être gouvernée par des fantômes. Après Charles-Quint et Philippe II, la monarchie espagnole devait se placer sous une nouvelle dynastie.

IX

Le conseil à Versailles. — Le testament de Charles II. — Projet de partage des Espagnes entre l'Angleterre, l'Empire, la Hollande et la France. — Mort de Charles II. — Le duc d'Anjou roi Espagne. — Les Français. — Les Anglais. — Les Portugais. — Caractère de Philippe V. — La Granja-Aranjuez. — Guerre sous la Régence. — Conjuration de Cellamare. — Mariages de la maison d'Orléans en Espagne. — Pacte de famille.

(1700-1765)

Les curieux qui visitent le château de Versailles peuvent s'arrêter dans une belle pièce près de la galerie des glaces; c'est le cabinet de Louis XIV. On y voyait naguère deux fauteuils, l'un destiné au roi, l'autre à madame de Maintenon, alors dans toute sa puissance; de petits pliants entourent la table ronde, chef-d'œuvre de Boule, recouverte d'un tapis de velours vert : ces pliants étaient destinés aux ministres secrétaires d'État.

Au mois de septembre 1700, le roi[1] soumettait à son conseil une question très-grave : Charles II se mourait : à qui reviendrait la suc-

1. Le Conseil s'était ensuite réuni à Fontainebleau durant les chasses.

cession d'Espagne ? Le testament en faveur du duc d'Anjou serait-il accepté avec la couronne de Charles-Quint, ou bien devait-on le rejeter dans la crainte de susciter la guerre universelle ? Pour comprendre l'immensité de la question, il fallait remonter à la source historique. La succession de Charles II, en supposant qu'il mourût sans testament, était d'après l'arbre généalogique dévolue aux collatéraux : BRANCHE FRANÇAISE : Anne-Marie, l'aînée des filles de Philippe III, femme de Louis XIII en 1615. — Louis XIV avait épousé, en 1660, Marie-Thérèse, fille aînée de Philippe IV. — *Enfants de Louis XIV* : Monseigneur. — Le duc de Bourgogne. — Le duc d'Anjou. — BRANCHE ALLEMANDE : Marie-Anne, fille cadette de Philippe III, avait épousé, en 1631, Ferdinand III, empereur. — Léopold, fils de Ferdinand III et de Marie-Anne, épousait, en 1666, Marguerite-Thérèse, fille cadette de Philippe IV, dont il avait eu Marie-Antoinette-Josèphe, mariée à l'électeur de Bavière, Maximilien-Emmanuel, qui avait eu d'elle Joseph-Ferdinand-Léopold de Bavière.

Ainsi les degrés étaient d'une égalité parfaite entre les branches de France et d'Autriche : toutes deux avaient le même droit, avec cette circonstance particulière contre la branche des Bourbons que, dans les contrats de mariage espagnols avec la maison de France, on avait imposé une renonciation solennelle à tous les droits à la succession d'Espagne[1]. En politique on s'arrête peu à ces stipulations particulières. Charles II, très-dévoué à la maison d'Autriche, son origine, avait disposé de son magnifique héritage en faveur d'un enfant, le prince Léopold de Bavière[2]. Les puissances intéressées à considérer cet héritage au point de vue de l'équilibre européen, la France, l'Angleterre et la Hollande résolurent un partage éventuel de la monarchie espagnole, sans tenir compte du premier testament. La destinée d'un État trop étendu, c'est le morcellement; il est rare qu'un empire échappe à cette loi éternelle; il peut durer quelque temps, quand un grand homme le gouverne, car alors les forces de l'intelligence sont en rapport avec la grandeur des États; après viennent les faibles successeurs et tout s'écroule en pièces et en morceaux.

Ce partage établi entre les trois puissances

1. J'ai donné ces renonciations dans mon *Louis XIV*.
2. Il mourut presque aussitôt à Bruxelles.

contractantes pendant la vie de Charles II était humiliant pour le roi d'Espagne. Qui pouvait autoriser les cabinets à partager l'héritage d'un prince encore vivant? Le traité fut néanmoins signé : la meilleure partie de l'Amérique et de ses vastes colonies devait être cédée aux Anglais et aux Hollandais. On donnait Naples et la Sicile au roi Jacques Stuart; la Galice et l'Estramadure étaient réunis au Portugal. La Castille, l'Andalousie, l'Aragon, les Asturies, la Biscaye, la Sardaigne, Mayorque, Iviça, les Canaries, Oran et Ceuta reviendraient à l'archiduc Charles; les places de Toscane, Orbitello et Piombino au grand-duc de Lorraine ; la Navarre et ce qui restait des Flandres seraient donnés au roi de France.

Ce traité ne fut pas tenu tellement secret qu'on ne le connût à la cour d'Espagne : on en remit la copie au roi Charles II, affaibli par la maladie, mais d'un esprit fier et orgueilleux. Son indignation fut grande : l'idée de voir l'œuvre de Charles-Quint brisée, morcelée, souleva en lui une bouffée d'indignation : le roi des Espagnes prononça un de ces *jamais* à la façon du Cid. Le cabinet de Versailles qui espérait ce refus, reprit l'œuvre du testament avec une habiletépersévérante. L'ambassadeur de France, duc d'Harcourt, eut ordre de démontrer à la grandesse de Castille, aux cardinaux du conseil que le seul moyen de maintenir l'Espagne[1] dans son unité et sa force, c'était qu'un testament la laissât au duc d'Anjou, le fils de Monseigneur le Dauphin, issu d'une infante. La France apporterait une force militaire suffisante pour maintenir la monarchie espagnole avec le faisceau de ses possessions. Le plan était bien dressé, les négociations toutes flatteuses pour Charles II, et néanmoins il fallut encore bien des efforts pour décider Charles II (essentiellement Autrichien) à laisser les vingt-deux couronnes de Philippe II à un prince issu des rois de Navarre, les ennemis traditionnels des rois de Castille, et leurs petits vassaux. On saisit avec habileté les crises de faiblesse de Charles II, les évanouissements de son orgueil pour faire signer le testament[2]. Charles II n'était plus qu'un fantôme, remué par les scrupules

1. J'ai donné, au reste, ces détails d'après les archives de Ximancas dans mon *Louis XIV*. Comparez aussi avec mon petit volume sur *la duchesse de Bourgogne*.

2. Charles II dicta, le 1er octobre 1700, son testament, qui déclarait Philippe de France, duc d'Anjou, héritier de la monarchie espagnole.

et les désirs ; ses amours avaient même quelque chose de fébrile : poitrinaire ardent et pieux, il couvait tous ses désirs et les enveloppait dans ses scrupules[1].

Ce testament, le conseil de Louis XIV dut le discuter à Fontainebleau en présence du roi, de Monseigneur le Dauphin, de madame de Maintenon et des secrétaires d'État. Personne ne se dissimulait que l'acceptation du testament entraînait la guerre générale. Mais l'orgueil de Louis XIV était si flatté de placer un de ses petits-fils sur le trône d'Espagne ! Cette opinion avait été devinée par madame de Maintenon, dès lors une des plus ardentes à soutenir le testament. Le conseil vota comme le roi, et dans la grande galerie de Fontainebleau le duc d'Anjou fut présenté à la foule des courtisans et salué du beau titre de roi d'Espagne et des Indes. Un remarquable tableau a reproduit cette scène : le cardinal Portocarrero à demi courbé par le respect, la grandesse à genoux selon la mode de l'Escurial, et Louis XIV plein de joie, tenant par la main le nouveau roi d'Espagne.

En faveur du duc d'Anjou il n'y avait nul

1. Charles II mourut le 1er novembre 1700. Il était tombé dans la plus noire mélancolie.

autre titre à la couronne que le testament de Charles II; on ne convoqua pas les cortès ; le droit politique des Castilles fut bouleversé avec la forme du pouvoir absolu. D'après les fueros antiques, les infantes succédaient au trône ; par la loi salique des Bourbons, les mâles seuls étaient appelés à la couronne. Un tel changement dans les lois politiques pouvait-il se faire sans les cortès? Louis XIV avait horreur des assemblées ; les souvenirs de la Fronde étaient toujours présents à sa pensée. Philippe V[1] salué roi traversa rapidement les provinces de Navarre, Estramadure, vieille et nouvelle Castilles. Il faut lire dans la correspondance de Philippe V ses tristesses et ses ennuis ; lui, si gracieux jeune homme, qui avait passé son enfance sur les vertes pelouses de Versailles, sous les charmilles en fleurs, avait désormais pour palais le sombre Escurial. Toutes ses démarches, ses actions étaient d'avance marquées. L'étiquette comme un hibou chantait son air monotone du matin au soir, sur les escaliers, dans les appartements froids et solitaires comme un couvent.

1. Le duc d'Anjou (Philippe V) était né à Versailles le 19 décembre 1683.

Ainsi que les esprits politiques l'avaient prévu, l'acceptation du testament de Charles II par Louis XIV amenait la guerre générale. Elle vint après la ligue d'Augsbourg : l'empire d'Allemagne, la Sardaigne, l'Angleterre commencèrent les grandes hostilités contre Louis XIV : elles saluèrent un autre roi d'Espagne de la famille d'Autriche, Charles III, reconnu par la Catalogne, l'Estramadure, Valence et les Asturies successivement : le Portugal devint surtout le théâtre de l'expédition des Anglais, protecteurs de la maison de Bragance. Les armes furent capricieuses dans ces guerres ; les ducs de Berwick et de Vendôme, le duc d'Orléans[1] eurent des succès et des revers, tandis que la grande guerre avec l'Europe se poursuivait en Hollande, en Flandre, en Italie. La coalition contre Louis XIV, partout victorieuse, forçait le roi de France à demander la paix, et la première condition imposée par le congrès d'Utrecht fut l'évacuation de l'Espagne par les Français avec l'abdication de Philippe V. Le jeune roi d'Espagne refusa d'adhérer à ces

1. Le duc de Berwick gagna la bataille d'Almanza le 25 avril 1707. Le duc d'Orléans réduisit les royaumes de Valence, d'Aragon et la Catalogne.

tristes abaissements et se battit avec courage. Le duc de Vendôme sauva le trône de Philippe V[1]. A ces négociations vinrent se mêler les protestations intimes de la maison d'Orléans prétendant à des droits héréditaires sur la couronne d'Espagne : Louis XIV, blessé dans sa politique, voulut un moment faire à son neveu un procès solennel de haute trahison. Le duc d'Orléans dut renouveler ses renonciations à la couronne d'Espagne.

Par les efforts d'une bonne diplomatie, le trône resta définitivement à Philippe V[2]. Après la mort de Louis XIV, le roi d'Espagne revendiqua ses droits à la régence de Louis XV : d'accord avec le vieux parti des bâtards, il prépara la conjuration de Cellamare contre le duc d'Orléans, régent de France. Philippe V envoya force doublons, comme l'Espagne avait fait sous la Ligue et la Fronde, pour acheter la complicité du duc et de la duchesse du Maine ; la conspiration échoua. Le régent, avec beaucoup de résolution, déclara la guerre à l'Espagne ; enfin, comme sous Louis XIII, cette guerre très-

1. Le duc de Vendôme gagna la bataille de Villa-Viciosa le 10 décembre 1710.

2. Par le traité d'Utrecht, le 11 avril 1713.

courte finit par un double mariage ; un prince de la maison d'Orléans épousait une infante, et Mademoiselle d'Orléans, fille du régent, s'unissait au prince des Asturies [1].

A travers ses alliances de familles, la France et l'Espagne gardaient chacune leur caractère et leur nationalité un peu jalouses. On avait essayé en vain une fusion ; plusieurs courtisans de Louis XIV, revêtus de la Grandesse et de la Toison-d'Or, vivaient auprès de Philippe V, sans pouvoir jamais se ployer aux habitudes espagnoles : « Le froid cérémonial pesait sur leur jabot et leurs manchettes, » écrit l'ambassadeur de France à M. de Torcy. Pour cette cour nouvelle, Philippe V fit bâtir Saint-Ildephonse de *la Granja*, plus accidenté que Versailles, entre Ségovie et Madrid, rafraîchi par les vents des montagnes. Il orna Aranjuez au Midi avec ses bosquets, ses pelouses, ses pièces d'eaux, ses vastes salles de gardes, ses fontaines de Diane et d'Apollon, qui auraient rappelé Versailles, si les costumes des duègnes, des camerera mayor, des ricos hombres, des

1. Voyez mon petit volume sur *le cardinal Dubois*, le principal négociateur des mariages espagnols. Le cardinal était un esprit supérieur dans les grandes affaires de diplomatie.

hidalgos n'avaient rappelé qu'on était sur la terre des Castilles.

Philippe V, roi absolu, organisait l'Espagne comme l'était la France de Louis XIV ; nulle assemblée, mais des conseils de finances à la façon de Colbert, obéissant au Conseil suprême. Philippe V, le monarque mentalement ennuyé résumait sa vie dans un grand bâillement, sous la vieille princesse des Ursins[1] active comme une Talleyrand, la Maintenon de l'Escurial. Devenu veuf de Louise de Savoie[2], la sœur de la duchesse de Bourgogne, Philippe V épousa Elisabeth de Farnèse[3], italienne vive, sémillante qui voulut enfin secouer les costumes antiques, les colerettes empesées, les lourdes robes présentées par la camerera mayor. Elisabeth de Farnèse acheva la disgrâce du cardinal Alberoni, esprit superbe qui espérait réveiller l'Espagne endormie. L'Europe força Philippe V à renvoyer le cardinal, et le roi retomba dans

1. Anne de la Trémoille, princesse des Ursins, épousa en 1659, Blaise de Talleyrand, prince de Chalais : elle mourut le 5 décembre 1722.

2. Marie-Louise-Gabrielle, mariée le 11 septembre 1711, morte le 14 février 1714.

3. Fille d'Édouard de Farnèse, née le 23 octobre 1692 : le 24 septembre 1714, le mariage de Philippe V avec Elisabeth fut célébré à Madrid; elle mourut en 1766.

sa nonchalance ennuyée. Ses habits étaient noirs ; il portait un sombrero ombragé de plumes également noires. Il ne voyait la reine qu'à certains moments, et, d'après les formes du palais, lui qui l'adorait, plusieurs fois, en vain, il venait gratter à la porte de sa chambre, et souvent refusé, le roi était moins heureux que le dernier des muletiers de son royaume. Curieux contraste ! Le peuple chantait au son de la mandoline ou se livrait à des conversations amoureuses sur les balcons, entre deux orangers, tandis que le souverain ne pouvait faire un pas sans être suivi, surveillé, empêché. Philippe V abdiqua [1], reprit sa couronne ; il avait quitté Saint-Ildephonse, il voulut y revenir comme dans son palais aimé.

La fin du règne de Philippe V fut occupée surtout par le règlement des choses religieuses, car les cortès locales avaient réclamé la séparation de l'autorité civile du pouvoir ecclésiastique. Le successeur de Philippe V [2], Ferdinand VI, continua son règne ; fou de musique,

1. Le 10 janvier 1724 en faveur de don Louis, son fils aîné, qui mourut le 31 août suivant.

2. Philippe V mourut le 9 juillet 1746 ; son fils, Ferdinand VI, roi d'Espagne le 10 août 1746, mourut le 10 août 1759.

il passait ses journées à écouter chanter le comédien Farinelli dont la voix le charmait ; il réforma quelques ordres religieux, avec l'inquisition qui n'était plus une force d'État : pourquoi la conserver quand elle était si caduque ? Pour qu'une institution vive, il faut qu'elle reflète l'esprit de son temps. Sous ce règne, il n'y eut plus que de rares auto-da-fé, cinq à peine. Le peuple était sous une panique terrible : l'an 1746, Lima, capitale du Pérou, avait été engloutie par un tremblement de terre; cinq ans après, Quito avait cette funèbre destinée. En 1755, Lisbonne disparaissait presque entière. Louise, infante du Portugal, la femme de Philippe VI, fut si tristement impressionnée qu'elle mourut.

Charles III[1], roi presque philosophe, avait régné sept ans à Naples, lorsqu'il fut appelé au trône de toutes les Espagnes. Nul n'avait moins le caractère des vieux rois castillans aux traits sévères, dont on voit les portraits à côté du duc d'Albe. Prince aimable, poli, lié au parti encyclopédique, protecteur des insti-

1. Don Carlos, fils de Philippe V et d'Élisabeth de Farnèse, né le 20 janvier 1716, duc de Plaisance et de Parme en 1731, roi des Deux-Siciles en 1735, proclamé roi d'Espagne à Madrid le 11 septembre 1759.

tutions littéraires, tout à fait séparé de l'antique royauté de Ferdinand et d'Isabelle, le roi faisait éclairer Madrid de beaux luminaires et osait la réforme des sombreros qui protégeaient les intrigues amoureuses et les voleurs de bourse, l'escopette à la main. A l'occasion de la réforme des sombreros, il y eut une épouvantable émeute à Madrid. Le roi fut obligé de se retirer à Aranjuez. Il avait touché au costume traditionnel, les Espagnols ne lui pardonnaient pas. N'était-ce pas assez de leur enlever leur cortès, fallait-il encore subir la suppression des costumes.

Sous le règne de Charles III, Beaumarchais visita l'Espagne : il fit connaître à la France, avec son esprit vif, scintillant, le comte Almaviva, Figaro, Basile, le page de la comtesse, les corrégidors, les alguazils à la longue baguette blanche. L'Espagne gardera toujours cette beauté particulière que dans sa décadence même, l'imagination ne l'oublie jamais ; sous le règne de Charles III, furent publiés les romans si attrayants, *Gil-Blas*, le *Diable Boiteux*, le *Bachelier de Salamanque*, traduction ou imitation, par le Sage.

En diplomatie, le duc de Choiseul, ministre

très-avancé dans les idées européennes, proposa le *pacte de famille*[1] entre les diverses branches de la maison de Bourbon. Le duc de Choiseul partait d'une fausse idée : dans l'état des sociétés modernes les familles couronnées n'étaient plus *tout*, comme dans le moyen âge; on devait compter avec les intérêts et les peuples : de ce que les rois s'enchaînaient par des stipulations particulières, les nations n'en restaient pas moins libres dans leur idée, leur répugnance, leur affection. Il pourrait donc arriver dans la marche des événements que les intérêts de l'Espagne fussent séparés de ceux de la France, et le *pacte de famille* ne serait jamais assez fort pour faire marcher les nations contre leurs intérêts. L'Europe vit dans cet acte une véritable menace et elle prit ses précautions. Lord Chatham dénonça ce traité qui assurait à la France une étendue de côtes et de ports depuis Ostende jusqu'à Naples[2]; l'Angleterre resserra ses liens avec le Portugal et prit ses armées à sa solde.

L'Espagne, désormais l'auxiliaire fidèle de la

1. Ce traité fut signé à Versailles le 15 août 1761.
2. L'Angleterre déclara la guerre à l'Espagne le 4 janvier 1762.

France, la seconda dans toutes ses expéditions, même les plus imprudentes. La guerre que Louis XVI déclarait à l'Angleterre pour soutenir l'indépendance des États-Unis était une faute, surtout pour l'Espagne, pays essentiellement à colonies : quel exemple allait-elle donner à ses sujets de l'Amérique? Les flottes espagnoles s'unirent aux escadres françaises dans l'Océan et la Mediterranée. L'Espagne voulut reprendre Gibraltar[1], ses efforts échouèrent; elle resta avec cette marque d'impuissance, ce bouton rouge sur son front. L'Espagne, secondée par les grenadiers du maréchal de Richelieu, fut plus heureuse devant Minorque. La paix de 1783[2] constitua une espèce de *statu quo*. L'Angleterre menaça la Péninsule par Gibraltar et Lisbonne.

L'antique nation castillane avec son fier orgueil ainsi s'effaçait; le roi repoussait toute nouvelle convocation des cortès et le comte Florida Blanca essayait de corrompre celle de l'avénement par des pensions, des places et des titres. On oubliait les grands ordres de Cala-

1. Le 13 septembre 1782.

2. Signé à Versailles le 3 septembre. L'Espagne conserva Minorque et la Floride; elle céda à l'Angleterre, la Providence et Bahama.

trava et de Saint-Jacques de Compostelle, et le roi les remplaçait par l'ordre spécial de Charles III, sans prestige : à quel orgueil pouvait-il répondre? quelle gloire pouvait-il donner et quel souvenir pouvait-il rappeller? Charles III, roi philosophe, pensait peu aux croisades, aux guerres de la chevalerie. La seule expédition qui jeta quelque éclat fut le développement de la pensée de Ximenès : une multitude de Berbères, de Maures d'Afrique[1] voulaient s'emparer des possessions espagnoles sur les côtes d'Afrique ; les Maures furent repoussés avec un courage qui rappelait les époques de Ferdinand et d'Isabelle.

On reporte au règne de Charles III toutes les institutions, commerciales, industrielles, économiques ; sous ce règne, l'Espagne sut plus avancer que la France : la banque de Saint-Charles servit de modèle à sa caisse d'escompte, et l'on voit à Madrid l'influence des banquiers de Bordeaux et des juifs de la synagogue portugaise les plus actifs, les plus riches, les plus éclairés du monde. Les larges voies, les

1. Sous les ordres du roi du Maroc en personne, Mahomet ben Abdalla en 1774.

beaux ponts, les grands édifices portent le nom de Charles III[1]; il fut le fondateur des académies, des écoles, le protecteur du théâtre, des arts et des entreprises industrielles.

La popularité de Charles III vint moins de ce grand côté de sa vie que de l'exécution ferme et quelquefois injuste de ses ordonnances sur la réforme des ordres religieux. Après l'éclat jeté par les moines dans le moyen âge, les services rendus à l'agriculture, aux arts, aux lettres par les couvents, la plupart des ordres étaient bien dégénérés; il fallait une réforme; était-ce un motif pour les insulter, les calomnier? L'acte le plus arbitraire fut l'expulsion des jésuites : nous ne défendons pas les jésuites; hommes supérieurs, ils se mêlaient à tout et s'infiltraient dans tous les gouvernements. L'acte d'expulsion fut une mesure concertée et prise par toutes les branches de la maison de Bourbon, presque une addition au *pacte de famille*, sous l'inspiration du duc de Choiseul. Il a été remarqué par un grand esprit[2] que les quatre branches de la maison de Bourbon depuis l'expulsion des jésuites n'ont fait que

1. Charles III mourut le 14 décembre 1788.
2. M. de Bonald.

languir et se dessécher. C'est que les jésuites emportaient avec eux les deux principes qui soutenaient les vieilles monarchies : l'obéissance absolue et la croyance dans l'autorité.

———

X

La Granja. — Charles IV. — Godoy. — Les cortès de l'avénement. — La loi salique fut-elle alors abolie? — La révolution française. — La Convention nationale et les doublons d'Espagne.—La guerre. — Traité de Bâle. — Le Directoire. — Alliance française. — Roi d'Étrurie. — Projet de partage du Portugal. — Les Français en Espagne. — Négociation de Bayonne. — Le prince des Asturies. — Caractère de l'insurrection en Espagne. — Ferdinand à Valençay — Les cortès et la Constitution de 1812.

1788-1813)

Les jardins de la Granja et quelquefois d'Aranjuez retentissaient des plus douces harmonies : en écartant les branches d'orangers et de citroniers en pleine terre, on pouvait voir le roi de toutes les Espagnes et des Indes, Charles IV [1], jouant du violoncelle avec une grande perfection ; à ses côtés, la reine Marie-Louise de Parme, d'une figure alerte et vive, faisait courir ses doigts sur la mandoline. Enfin un exempt des gardes du corps, Emmanuel Godoy, d'une figure un peu commune, aux yeux noirs, très-éveillé, jouait de la flûte avec quelque agrément, ou agitait un tambour de Basque. Charles IV avait

1. Fils de Charles III et de Marie-Amélie de Saxe, naquit à Naples le 11 novembre 1748.

alors quarante ans ; prince des Asturies, il s'était fait connaître par la violence de son caractère et sa force corporelle ; il luttait contre les arrieros (muletiers) et les majoral des galera (grossières diligences) sans hésiter ; il avait reçu et donné tant de horions, comme don Quichotte de la Manche au milieu des Asturiens, qu'il devint plus prudent ; il s'était passionné pour la chasse, à ce point d'exaltation qu'il faisait tirer à mitraille sur le gros gibier et les bêtes fauves qui vaguaient autour d'Aranjuez et de Saint-Ildephonse (la Granja), les maisons royales de ses prédilections. Emmanuel Godoy[1] que le roi et la reine appelaient familièrement *Manuelito*, très-jeune alors, était exempt des gardes, et le roi, encore plus que la reine, l'avait pris en vive amitié [1].

Un peu avant l'avénement de Charles IV, les cortès furent convoquées ; depuis longtemps il n'en était plus question dans l'histoire de la monarchie espagnole. Cette fois, le premier ministre, le comte Florida Blanca, élevé dans

1. Godoy, né à Badajoz d'une famille noble en 1768, entra dans les gardes-du-corps en 1787 : exempt, ensuite adjudant général de la même compagnie et grand-croix de l'ordre de Charles III en 1789.

les idées françaises, avait jugé nécessaire de les réunir afin de correspondre à la convocation des notables et des états généraux à Versailles. Il a été dit (en 1831) que ces cortès avaient alors proclamé l'abolition de la loi salique et le retour aux *fueros* castillans de Ferdinand et d'Isabelle qui appelaient les femmes à la couronne : sur ce point il y a doute, on soutient même que l'acte fut fait après coup pour justifier les édits de Ferdinand VII en faveur de sa fille Isabelle. Ces cortès furent presque aussitôt dissoutes, car le mouvement libéral des esprits faisait peur, en présence des développements terribles de la Révolution française. Charles IV était profondément affecté du triste sort de Louis XVI, l'aîné de sa race, déjà déchu du trône. La république était proclamée et le roi de France mis en jugement. Sa condamnation dépendait de quelques voix de majorité qui s'offraient sur le marché des consciences.

Le ministère espagnol était passé des mains du comte Florida Blanca[1] à celles du comte Aranda, lié à tout le parti philosophique, long-

1. François-Antoine Monino, comte de Florida Blanca, né l'an 1730 à Murcie et nommé ministre après la mort du marquis d'Esquilache.

temps ambassadeur à Paris, en rapport avec les girondins et les dantonistes. Le comte Aranda demandait au Trésor royal d'Espagne trois millions avec lesquels il se faisait fort de corrompre plusieurs membres de la Convention. La chose la plus vile en matière de corruption, c'est quand le corrompu ne tient pas sa parole. Il arriva pourtant ceci à l'ambassadeur d'Espagne[1] qui distribua cet argent entre les membres de la Convention. Plusieurs manquèrent à la foi donnée et Louis XVI ne fut pas sauvé. Cette catastrophe produisit une vive indignation ; l'Espagne tout entière se leva pour déclarer la guerre à la France[2] : les Pyrénées furent franchies. Il y avait une telle énergie, une telle puissance dans les armes de la République qu'elles repoussèrent les Espagnols des Pyrénées jusqu'à Vittoria et Barcelone. Nous avons tous à la mémoire la glorieuse campagne des généraux Dugommier, Pérignon et Moncey dans la Navarre et la Catalogne. L'Espagne battue dut songer à la paix.

1. Le chevalier Ocaritz.

2. Le ministère fut donné à Godoy, parvenu au plus haut degré de faveur. Il fut nommé généralissime de l'armée qui passa les Pyrénées.

Au moment où était signé à Bâle un traité entre la république et la Prusse, Barthélemy, l'ambassadeur de France, l'ancien secrétaire du duc de Choiseul, enthousiaste du *pacte de famille*, accueillit avec empressement les ouvertures que lui faisait Iriarte, envoyé d'Espagne. Par le traité du 22 juillet 1795, le roi Charles IV cédait à la république française la partie espagnole de Saint-Domingue, avec des indemnités considérables en quadruples et douros. Godoy, devenu *Prince de la Paix*, entra désormais tout à fait dans l'alliance française ; ce traité assurait à l'Espagne la tranquillité et le repos. A Saint-Ildephonse, à Aranjuez, le roi pouvait chasser, jouer à plaisir du violoncelle. Godoy, toujours plus en faveur en épousant une princesse de la famille royale, multipliait les fêtes brillantes[1]. L'ambassadeur français, amiral Truguet, fort galant, plaisait beaucoup à Aranjuez ; il obtint une déclaration de guerre, défi imprudent jeté à la Grande-Bretagne. Les papiers secrets disent qu'après la mort du dauphin, fils de Louis XVI, il fut question d'appeler la branche d'Espagne à la couronne de France comme au

1. Le prince de la Paix fit construire la galerie couverte d'Aranjuez.

temps de la Ligue. La durée de la république française paraissait impossible; le duc d'Orléans était repoussé, pourquoi ne ferait-on pas d'un infant d'Espagne un roi de France avec une constitution libérale? On eut bien des espérances à Aranjuez; l'ambition se mêlait à la décadence.

La guerre contre l'Angleterre fut très-funeste à l'Espagne; sa richesse venait des galions et sa puissance des colonies. L'Angleterre si forte de ses escadres allait s'emparer des galions et inquiéter les colonies[1]. Dans cette lutte inégale, l'Espagne fut fidèle à l'alliance française; sous le Consulat, les liens se fortifièrent. Le général Berthier, venu à la fin de l'année 1800 à Madrid, obtint de Charles IV l'accueil le plus brillant. La reine Marie-Louise avait une ardente admiration pour le Premier consul, fort galant avec elle. En voici un exemple futile. La mode alors était de porter des faux cheveux, blonds pour les brunes, noirs pour les blondes. Le Premier consul envoya à Marie-Louise d'Espagne une perruque à filets d'or, tellement imités que le cheveux blond le plus pur ne pouvait lui être comparé.

1 La déclaration de guerre est du 5 octobre 1796

La reine en échange offrit au général Bonaparte un équipage de vingt chevaux andalous. Par une combinaison diplomatique, un infant d'Espagne devenait roi d'Étrurie[1]. Dans toutes les guerres que fit l'empereur Napoléon, en 1804-1805, à l'Autriche, à la Prusse, des divisions espagnoles marchaient avec les Français. Le général La Romana fut envoyé sur l'Elbe. A Trafalgar, les flottes espagnoles étaient à côté des escadres françaises. Ce désastre anéantit la marine du vieil amiral Gravina.

Cependant un réveil soudain de l'Espagne vint étonner l'Europe en 1801, lorsque Napoléon était en Prusse avant la bataille d'Iéna. La fortune de l'empereur paraissait compromise. L'Angleterre saisit cette circonstance favorable pour négocier mystérieusement avec le prince de la Paix sur des éventualités d'alliance. Un article de la *Gazette de la cour*[2], à Madrid, annonçait des levées d'hommes et faisait entrevoir une guerre. Napoléon, victorieux à Iéna, exigea du prince de la Paix non-seulement un

1. Le roi et la reine d'Étrurie vinrent à Paris comme pour recevoir l'investiture.

2. C'était une proclamation du prince de la Paix qui appelait toute l'Espagne aux armes, signée à Saint-Ildephonse le 2 octobre 1806.

désaveu, mais encore de nouveaux gages à l'alliance française contre le Portugal sous la domination anglaise. Tout projet présenté à l'Espagne contre le Portugal devait être accepté. Dans les opinions du cabinet de Madrid, la maison de Bragance avait usurpé le trône conquis par l'Espagne sous Philippe II ; on pouvait légitimement la renverser. Le Portugal indépendant était une grande déchirure faite à la carte d'Espagne.

Sous l'influence du prince de la Paix, un traité de partage du Portugal fut arrêté avec l'empereur des Français[1] : « La province entre Mihnô et Duero, la ville d'Oporto y comprise, était donnée en toute propriété et souveraineté à S. M. le roi d'Étrurie[2] avec le titre de roi de la Lusitanie septentrionale. La province d'Alentejo et le royaume des Algarves étaient donnés au prince de la Paix, avec le titre de prince des Algarves[3]. Les provinces de Beira, Tra-la-Montès et de l'Estramadure portugaise restaient en dépôt jusqu'à la paix générale. »

1. A Fontainebleau le 26 octobre 1807.

2. A peine le roi d'Étrurie était installé à Florence que Napoléon lui ôtait la couronne.

3. Voyez l'ouvrage de M. de Pradt, témoin oculaire des actes de Bayonne

A ce traité étaient jointes des conventions militaires : trois divisions françaises entraient en Espagne pour s'emparer des places fortes. Napoléon profitait des tristes débats soulevés entre Charles IV, le prince des Asturies et la reine pour accomplir son projet. Les princes d'Espagne appelés à Bayonne se virent en face de l'empereur, qui les fascinait. Héritier des idées de Louis XIV, il voulait mettre le royaume d'Espagne dans sa maison. Charles IV céda tout dans son état de bassesse et de prostration. Aussitôt Napoléon constitua à Bayonne un simulacre de cortès : quelques Espagnols de l'école du comte d'Aranda et de Florida Blanca rédigèrent un acte constitutionnel, basé sur les idées françaises : le saint-office fut aboli, les priviléges du clergé amoindris, les tribunaux modifiés, les codes mis en harmonie avec les idées de 1789. Napoléon fit proclamer roi d'Espagne et des Indes, Joseph, son frère, esprit honnête, mais limité et surtout illusionné, qui appela auprès de lui une partie de la grandesse libérale (plus tard elle forma le parti des Josephinos). L'Espagne n'était pas dans ce petit groupe de blasés politiques : un peuple énergique restait à vaincre. Les diplomates de l'empire français croyaient connaître l'Espagne, parce qu'ils avaient vu représenter *le Mariage de Figaro*.

L'ancienne famille des Bourbons quitta l'Espagne en vertu d'une convention signée avec l'empereur Napoléon. Charles IV, escorté de cent gendarmes, ainsi que la reine et le prince de la Paix furent conduits au château de Compiègne; la forêt était vaste, le château tout royal; mais le ciel de l'Espagne manquait. On changea cette résidence pour Fontainebleau; le roi pouvait chasser, jouer à la paume, exécuter sur le violoncelle les concertos les plus parfaits; le climat était rude encore, ce n'était ni Aranjuez, ni Saint-Ildephonse. On choisit donc à Marseille une bastide charmante et bourgeoise au bord de la mer, au milieu de riches jardins comme les huertas de Valence[1].

Les infants également captifs eurent pour résidence le château de Valençay, propriété de M. de Talleyrand : jeunes, ils oubliaient dans une belle solitude les souvenirs du trône d'Espagne. On fit beaucoup de bruit des amours du

1. Cette maison des champs était située entre la petite rivière de l'Huveaune et la mer : le roi d'Espagne, goutteux, ne chassait plus que la caille.

prince des Asturies avec la châtelaine de Valençay. Napoléon en parlait un jour avec inconvenance à M. de Talleyrand ; il mérita cette réponse d'un goût parfait : « Pour l'honneur de Votre Majesté et le mien, qu'il ne soit jamais question des princes d'Espagne. »

En effet, Napoléon du haut de son dédain avait mal jugé les Espagnols ; ceux qu'il avait appelés vile populace se levaient comme un seul homme dans une insurrection superbe. Cette résistance immense de tout un peuple commençait dans de petites cités comme au temps de Pélage ; peu à peu elle s'étendait de campagne en campagne jusqu'à la Castille, le royaume de Léon, Valence et l'Andalousie : le caractère des Goths et des Arabes se révélait dans ces haines contre l'étranger ; le cri de résistance s'étendit de Saragosse jusqu'à Ségovie ; les chants patriotiques retentissaient partout [1]. Il y eut des actes d'un héroïsme immense à côté des actions les plus sauvages. Lord Byron qui parcourut

1 Le plus populaire des chants patriotiques qui commence ainsi :

Laure l'immortal al gran Palafox
Gloria de España, de Francia terror, etc.

La plupart de ces chants finissaient par :

Viva el rey Fernando !

le Portugal, l'Espagne au temps de l'insurrection, frappé de cet aspect des provinces jusqu'à Cadix, s'écrie poétiquement : « Espagne! tels sont tes enfants! qu'il est étrange ton destin! Des hommes qui ne furent jamais libres luttent pour la liberté; un peuple privé de son roi combat pour un pouvoir sans force; pendant que leurs seigneurs fuient, les vassaux prennent le glaive et se dévouent à un pays qui ne leur a donné que la vie; l'orgueil leur montre le chemin de la liberté; vaincus, ils retournent au combat; leur cri de ralliement est : « La « guerre! La guerre, même aux couteaux! » Vous qui désirez connaître l'Espagne et les Espagnols, lisez l'histoire de leur lutte sanglante : tout ce que peut la vengeance la plus implacable contre un ennemi étranger est mis là en pratique contre la vie de l'homme. Depuis le cimeterre étincelant jusqu'au couteau perfide, l'Espagnol se fait des armes de tout; que lui importe, pourvu qu'il protége sa sœur ou sa femme, et qu'il fasse couler le sang des oppresseurs maudits? Puissent tous les envahisseurs recevoir un aussi terrible châtiment[1] ! »

1. Lord Byron, *Pèlerinage de Child-Harold*, chant I, strophes LXXXVI et LXXXVII.

Hoffmann, dans un joli cadre, l'*Enchaînement des destinées*, raconte qu'un jeune Allemand, Euchar, était allé soutenir les insurgés espagnols; bravant tous les périls de la guerre, il avait été initié par l'Empecinado aux sociétés secrètes des guérillas. Là il entendit ce beau chant de l'Espagne insurgée : « Écoutez ces cris d'alarme qui parcourent les plaines de Castille; l'écho des Asturies leur répond par une fanfare belliqueuse; Séville se lève pour la vengeance; la foudre tonne au-dessus de Valence; le sol de Moncayo gronde comme un volcan ; — Vois, des montagnes à la mer, l'Espagne s'armer pour la liberté; le tambour bat, le clairon sonne, les drapeaux flottent déployés, et les armes étincelantes ont soif de sang. »

Tel était le chant patriotique qui inspirait l'étudiant Euchar, et à son retour en Allemagne il retrouva la jeune fille d'un vieux noble de Castille exilé; elle dansait comme une bohémienne légère sans toucher les œufs semés par terre. Sur l'autre plan du tableau est La Romana! Le hardi général placé dans le Holstein avec une division espagnole au service de France, à la suite d'un bal, s'embarqua secrètement et conduisit ces troupes patriotiques à Cadix pour combattre l'invasion.

Dans cette campagne de 1807 à 1813, les troupes de Napoléon laissèrent de tristes souvenirs[1] : saccagements, meurtres, pillages. Les cathédrales dépouillées pleurèrent longtemps leurs trésors, leurs tabernacles et les chefs-d'œuvres de Murillo, Velasquez, Zurbaran, que les généraux français choisissaient pour orner leur cabinet avec une rare intelligence[2].

Quand l'Espagne répondait par une insurrection universelle à la violente invasion des Français, les colonies d'Amérique s'agitaient pour l'indépendance. Assurément le régime des colonies n'était pas parfait ; sous Charles IV les ressorts étaient vieillis. Il fallait admirer pourtant cette vaste administration créée après les découvertes de Fernand Cortez et de Pizarre ; en Amérique, on avait un tel respect pour le roi des Espagnes que les colonies ne se seraient jamais séparées de la mère-patrie si la vieille dynastie était restée sur le trône. Après la chute

1. La journée du 12 mai 1808. Même après la paix, il ne faisait pas bon de se trouver à Madrid, lorsque les Espagnols en célébraient l'anniversaire.

2. Les vierges de Murillo avaient surtout leur prédilection.

de Charles IV, quels respects pouvaient avoir les vieux colons pour le roi Joseph ? Pourquoi le Mexique, le Pérou, ne se gouvernaient-ils pas par eux-mêmes? L'Angleterre, en favorisant ces tendances patriotiques, se souvenait que l'Espagne s'était coalisée avec la France pour soutenir la première insurrection des États-Unis. La perte des colonies d'Amérique était un incomparable malheur : que deviendrait l'Espagne quand elle verrait se tarir la source de ses richesses, l'arrivée des galions à Cadix et à Saint-Sébastien.

Dans la grande crise de l'insurrection, en 1808, se réunirent les cortès : elles s'étaient formées des juntes provinciales, spontanément élues et organisées. A mesure que la révolte s'était étendue, on avait convoqué les cortès, formées des députés de toutes les provinces : Madrid étant au pouvoir de l'ennemi, les cortès s'étaient réunies à Séville, et quand les Français occupèrent l'Andalousie, elles se renfermèrent à Cadix, ville forte protégée par la mer. Ces cortès[1] se composaient de deux éléments : 1° l'opinion douce, modérée, avec les fueros de

1. Voyez l'ouvrage remarquable de Martinez de Marina : *Teoria de las cortes*.

Ferdinand et d'Isabelle; 2° l'opinion aragonaise, formidable contre l'invasion française, mais toute trempée des anciens privilèges presque démocratiques. Ces deux opinions s'étaient fusionnées dans l'origine afin de grandir l'insurrection : les cortès se transformèrent en gouvernement régulier, presque aussitôt reconnu par l'Angleterre et par la Russie; dans sa lutte contre Napoléon, l'empereur Alexandre signa un traité d'alliance avec les cortès.

Louis-Philippe d'Orléans vint à Cadix offrir ses services aux cortès. Le prince fut repoussé dans la crainte de voir se réveiller les divisions[1]. Les cortès discutaient la constitution. Chose curieuse! dictée et discutée par le parti le plus avancé de l'opinion libérale, cette constitution n'admettait en Espagne que la religion catholique : le vieil Espagnol s'y révélait par la haine de l'hérésie; la résistance à l'invasion ne venait-elle pas des moines? l'Espagne héroïque était dans le couvent. La constitution proclamait aussi l'inviolabilité du roi, avec un large système de liberté ; l'élection par le peuple des fonctionnaires, membres du conseil, corrégi-

1. La maison d'Orléans n'avait jamais renoncé à ses prétentions sur la couronne d'Espagne.

dors, alcades, même des alguazils ; c'était la république sous un roi. L'Angleterre en fut si frappée qu'elle fit des observations aux cortès sur l'impossibilité pratique d'exécuter la constitution.

Les événements de la guerre marchaient ! repoussées violemment par l'insurrection et par les Anglo-Portugais après la bataille de Vittoria, les troupes de Napoléon évacuèrent l'Espagne. On était à la fin de 1813, après Leipzig, l'Espagne était perdue pour la France. Ce fut alors que Napoléon envoya M. de Laforet à Valençay, pour traiter avec le roi Ferdinand. Ce jeune prince, naguère dédaigné, captif, était reconnu comme roi d'Espagne à la seule condition de se séparer de l'alliance anglaise. Si le corps espagnol quittait l'armée coalisée, le duc de Wellington aurait été obligé de se retirer sur le Portugal. Ferdinand VII signa le traité ; prisonnier, il saluait sa liberté. Partout en France il fut traité en roi d'Espagne[1]. Napoléon espérait encore son alliance. Connaissait-il bien

1. M. de Talleyrand, dans un arrêté du gouvernement provisoire (9 avril 1814), ne l'appelle que l'*Infant don Fernand*. Il ne voulait pas encore décider la question entre Charles IV et Ferdinand VII.

l'esprit des cortès? La guerre avait été si cruelle! Les Espagnols flétrissaient les partisans des Français du nom de *negros* (les noirs), souvenir des vieilles haines contre les Maures. Ce caractère ne changeait pas : martyrs dans la guerre, ils devenaient bourreaux dans la victoire. Les plus patriotes des guérillas étaient les moines : ces hommes que Napoléon avait traités avec tant de dédain, ces fils du peuple couverts de bure, les défenseurs de Saragosse, avaient déchiré à coups de sandale le manteau de soie du roi Joseph.

XI

Restauration de Ferdinand VII. — Louis XVIII. La Charte. — *El rey neto.* — Les complots de l'armée. — L'île de Léon. — Ferdinand accepte la Constitution de 1812. — Ses rapports avec les cortès. — L'Europe et le congrès de Vérone. — La campagne du duc d'Angoulême. — Le mariage de Ferdinand avec Marie-Christine.

(1814-1829)

Ferdinand VII à travers la Catalogne et l'Aragon s'avançait vers Madrid, aux cris de : *Viva el rey Fernando*. Nul ne réclamait de limites à son pouvoir. La maison de Bourbon venait d'être restaurée en France. Louis XVIII, l'aîné de la race, plein de tempérance et de sagacité, s'était trouvé dans une situation particulière, déjà vieillard en face de la jeune génération. L'Europe l'avait unanimement reconnu sans lui imposer aucune condition. Le sénat, il est vrai, avait rédigé une constitution que le roi devait jurer à son avénement[1] : quel était le droit du sénat abâtardi sous l'Empire d'imposer des conditions? Louis XVIII avait rejeté

1. Avril 1814.

cette constitution comme illégale et imparfaite ; il lui substitua la charte, tout entière émanée de l'initiative royale[1]. Cette charte réalisait les principes d'un gouvernement représentatif ; en général, les actes qui émanent d'un seul sont plus pratiques que les constitutions improvisées par de la multitude.

La branche des Bourbons de Naples était également rétablie par les actes du congrès de Vienne sans charte constitutionnelle, à la recommandation du prince de Talleyrand[2]. M. de Metternich conseillait au nouveau roi de Naples d'éviter les périls par une marche ferme et modérée : le système constitutionnel n'avait pas réussi. La France, à peine la charte promulguée, avait éprouvé de sourdes agitations et subi les Cent jours : ce qui prouve que les États sont plutôt dominés par les opinions que par les principes. Cet exemple n'était pas de nature à entraîner le roi Ferdinand d'Espagne vers les idées libérales, pour lesquelles d'abord il avait montré un certain penchant. Ferdinand VII avait rétabli les anciens conseils de

1. Pour les détails de ces événements, lisez mon *Histoire sur la Restauration*.

2. M. de Talleyrand en fut récompensé par le duché de Dino.

Castille et de finance, l'autorité des corrégidors et des alcades. Dans une déclaration royale il annonçait que[1] « la liberté et la sûreté individuelle seraient garanties par des lois qui, en assurant l'ordre et la tranquillité publique, laisseraient à tous la jouissance d'une sage liberté qui distingue un gouvernement modéré d'un gouvernement despotique. Tous auront la faculté de communiquer, par la voie de la presse, leurs idées et leurs pensées, en se renfermant dans les bornes que la saine raison prescrit à tous, afin que cette liberté ne dégénère pas en licence ; car on ne doit pas raisonnablement souffrir dans un gouvernement civilisé que l'on manque au respect dû à la religion et au gouvernement, ainsi qu'aux égards que les hommes se doivent entre eux. J'abhorre le despotisme ; il ne peut se concilier ni avec les lumières, ni avec la civilisation des nations de l'Europe. Les rois ne furent jamais despotes en Espagne ; ni les lois, ni la constitution de ce royaume n'ont jamais autorisé le despotisme[2]. »

Ainsi parlait le roi Ferdinand, ces paroles

1. Ferdinand était alors à Valence.
2. Décret de Valence du 4 mai 1814.

d'une raison si droite et si juste n'apaisèrent point le parti des cortès : le roi n'acceptait pas plus la constitution de 1812 que Louis XVIII n'avait accepté l'acte du Sénat de 1814. Le tort du roi Ferdinand fut de parader le pouvoir absolu sans le retenir fermement : le bas peuple qui demandait le *rey neto*, n'était pas une force. Le roi aurait dû se rattacher à l'ancien droit public espagnol, les *fueros* de liberté. Les cortès refusèrent toute modification à l'acte de 1812, devenu l'évangile du parti progressiste. Il s'était introduit dans les cortès un élément moins espagnol qu'italien : le carbonarisme s'infiltrait partout, ver rongeur qui se plaçait au cœur de toutes les vieilles dynasties.

Cependant les deux premières années de la Restauration de Ferdinand furent paisibles ; la multitude aimait le roi ; la cour d'Aranjuez et de Saint-Ildephonse de la Granja devint brillante. Le roi, veuf depuis quelques années, épousait l'infante de Portugal[1], gracieuse princesse qui aimait les belles fêtes. Ferdinand répondait aux goûts du peuple par ses formes familières en multipliant les courses de taureaux (il y en eut

1. Isabelle-Marie Françoise, fille de Jean VI, née en 1797 ; elle avait 16 ans.

dix-huit en un mois dans la seule Andalousie). Le roi paraissait aux processions, aux pompes municipales, partout applaudi. Ferdinand, sans être dévot, ne pouvait oublier que l'Espagne devait aux couvents une large part dans la glorieuse résistance à l'invasion : d'ailleurs il ne voulait pas tendre la main au parti qui l'avait trahi et avait sacrifié la patrie et la nationalité espagnole au roi Joseph.

Malgré ce bonheur calme et résigné des Espagnes, l'agitation restait dans l'armée; la paix avait forcé de réduire le personnel des officiers; les glorieux généraux qui avaient fait la guerre de l'indépendance ne se croyaient pas assez récompensés. En Espagne on ne trouve pas ces sentiments de discipline et d'obéissance qui unissent l'armée au souverain ; la hiérarchie est relâchée ; les soldats jouent de la mandoline jusque dans les corps de garde et les officiers s'enivrent de leurs propres opinions. Les armées ont des caprices. De là ce caractère étrange des pronunciamientos, sorte de retour aux désordres du Bas-Empire : l'armée se donnait le droit de changer la forme du gouvernement. Dans les deux années (1816 et 1817) trois complots éclatèrent en faveur de la constitution de 1812, l'idéal du parti avancé. Le premier fut dirigé par un chef, brave officier, Lacy, d'origine irlandaise, dont la famille s'était établie en Espagne avec le duc de Berwick ; dénoncé, arrêté, il fut fusillé sur l'une des côtes de Minorque. Le second pronunciamiento fut provoqué encore par un officier de la guerre de l'indépendance du nom de Porlier[1], ignoblement pendu au milieu de la populace qui applaudissait; il en est souvent ainsi pour les vaincus. Mina, le plus brave, le plus hardi des guérillas, prépara, sans succès, le troisième pronunciamiento; lui, il parvint à se sauver. Il n'y eut pas jusqu'au brave Palafox, héroïque défenseur de Saragosse, qui ne fût compromis dans ces complots en Espagne. Il mourut paisible dans sa retraite[2].

La loi espagnole pardonne peu : les châtiments sont en rapport avec l'esprit de ces

1. Don Juan Diaz Porlier était né à Carthagène d'Amérique, en 1783.

2. Don Joseph Palafox, issu d'une des plus anciennes familles d'Aragon, né en 1780, avait 28 ans lors de l'invasion française en Espagne : disgracié par Charles IV, il fut élu par le peuple insurgé, gouverneur de Saragosse. Palafox, avec l'aide des étudiants, des moines et des guérillas, organisa la défense et proclama la guerre au couteau.

hardis conspirateurs qui ne comptent pas avec la vie. On mettait en chapelle le condamné en face des insignes lugubres d'un Christ sur la croix cloué, des têtes de mort sur les draperies et le cercueil qui lui était destiné. Ces spectacles plaisaient aux multitudes, comme autrefois le *san benito* : chose étrange, ces sévérités sanglantes rendaient le roi fort populaire, dans la basse classe ; elles ne décourageaient pas les conjurés : on semait les petites conjurations avant d'arriver aux grandes, sorte de prologue au drame qu'on prépare. On ne réussit pas une ou deux fois, à la troisième on triomphe ; les impatients s'essayent avant d'arriver au succès.

Le gouvernement espagnol préparait, à l'île Léon, une armée et une flotte destinées à soumettre les insurgés des Amériques. On y avait placé les meilleurs régiments de l'Espagne : à un mot d'ordre donné, les officiers et les soldats, sous l'inspiration du colonel Riego, refusèrent de s'embarquer. L'armée de l'île Léon fit son pronunciamiento comme on en avait tant vu en Espagne ; elle marcha de Cadix sur Madrid, proclamant la constitution de 1812 et en chantant l'hymne de Riego, insulte ignoble jetée à la face d'un roi que la défection environnait de toute part :

Tragala, tragala[1]	Dicen que el rey no quiere
Tu servilon,	Los hombres libres ·
Tu que no quieres	Que se vaya à la...
Constitucion.	A mandar serviles.

Ferdinand VII, au milieu du vide qui se faisait autour de lui, accepta sans limites la constitution de 1812 imposée par l'armée défectionnaire.

Il s'établit donc en 1821 un gouvernement régulier dans les formes après le serment du roi. Ferdinand VII obéissait à une assemblée presque républicaine; ses ministres étaient choisis parmi les plus hardis des cortès. L'ambition n'avait plus de bornes et l'on trouva dans les papiers de Riego la preuve qu'il voulait se faire proclamer empereur des Espagnes : on appelait déjà madame Riego l'impératrice[2]. Fouillez au fond des chefs de partis, vous trou-

1. Avale-la, avale-la	On dit que le roi n'aime pas
Toi grand servile,	Les hommes libres :
Toi qui n'aimes pas	Qu'il s'en aille à la...
La Constitution.	Commander les serviles.

2. Pièces du procès. Voyez la *Biographie universelle* (Michaud), art. Riego.

verez le secret de bien des ambitions. L'autorité s'en allait en miette. L'année 1822 fut très-remarquable dans l'histoire : un esprit de désordre avait entraîné les partis à prendre les armes : la nouvelle secte des carbonari, ardente et sombre comme un mélodrame, avec son immense propagande, s'était partout étendue.

En présence de ces menaces, les cabinets de l'Europe s'étaient réunis aux congrès de Troppeau et de Laybach pour chercher un remède. De tous les gouvernements, l'Angleterre seule ne partageait pas l'opinion de ces congrès. Les idées de M. de Metternich reposaient sur quelques faits d'observation. « Après la grande crise philosophique du dix-huitième siéle, qui avait tant détruit de prestiges, il ne restait qu'un seul moyen de sauver les royautés en Europe : l'union intime des souverains dans une sainte alliance[1], solidarité établie entre les couronnes avec la ferme volonté de réprimer sur-le-champ et en commun la moindre insurrection en quelque lieu qu'elle se produisît. »

Dans le congrès de Vérone, réuni en vertu

1. La Sainte-Alliance s'était formulée en traité au mois de septembre 1816 sous l'influence de l'empereur Alexandre : voyez mon petit livre sur *Madame de Krüdner*.

de cette doctrine, il fut résolu qu'on combattrait l'insurrection espagnole. Les principes de M. de Metternich furent adoptés et les plénipotentiaires de Russie, d'Autriche et de Prusse adressèrent une déclaration ferme et absolue au ministre des affaires étrangères espagnol, le colonel San Miguel. La réponse du ministre, altière comme l'honneur castillan, disait : « Il serait indigne du gouvernement espagnol de faire une réponse aux notes de la Russie, de l'Autriche et de la Prusse, parce qu'elles ne sont qu'un tissu de mensonges et de calomnies... La nation espagnole se règle par une constitution qui a été solennellement reconnue par l'empereur de Russie en 1812... Le roi constitutionnel d'Espagne exerce librement les pouvoirs que lui délègue le code fondamental. La nation espagnole ne se mêle en rien des institutions et du régime des autres nations... Elle ne reconnaîtra jamais à aucune puissance le droit d'intervenir dans ses affaires[1]. »

Après cette hautaine réponse, les cabinets retirèrent leurs ambassadeurs, tandis que la France agissait avec plus de mesure : le roi

1. Madrid, le 9 janvier 1823 : signé, Évariste San Miguel.

Louis XVIII, le chef de la famille des Bourbons, n'était pas un esprit téméraire. Le comte de Lagarde, ambassadeur de France, resta donc à Madrid, chargé de propositions particulières; insistant sur de certaines modifications à la constitution de 1812, il demandait spécialement la division des cortès en deux chambres, comme Louis XVIII l'avait fait dans la Charte. La réponse du colonel San Miguel au comte Lagarde fut aussi fière, aussi castillane que sa lettre aux ambassadeurs. San Miguel comptait sur une sorte de *pronunciamiento* de l'armée française trop disciplinée, trop fidèle à ses devoirs pour imiter ces sortes de cachucha militaire.

En mars 1823, la campagne d'Espagne commença avec un caractère de modération que n'avait pas eu l'invasion de 1808; elle ne rencontra pas d'obstacles; on aurait dit les Espagnols aux fenêtres pour voir passer les événements : l'armée française marcha donc librement jusqu'à Cadix. Les cortès ne cédèrent pas une seule ligne; ils défendirent la constitution pied à pied jusqu'à ce point de hauteur qu'ils prononcèrent la déchéance de Ferdinand VII; la révolution, comme la Minerve antique, marchait le casque en tête contre les rois et les diplomates des congrès de Vienne et de Vérone[1].

La cause des cortès vaincue, les députés furent dispersés comme les feuilles de leur constitution de 1812. Le duc d'Angoulême, esprit timide et modéré, avait parlé d'amnistie, de conciliation et d'oubli dans l'ordonnance d'Andujar[2] comme un moyen de guérir tant de plaies ; l'amnistie fut repoussée par les ardents Espagnols ; le peuple laboureur, comme le Sancho Pança de Cervantès, plein de sens, s'occupait de ses affaires au milieu de cette parade de soldats ; il ne dérangea pas sa charrue de son sillon ; il cultivait les vignes de la Manche ou de Malaga. Il tirait de temps à autre un coup d'escopette, en chantant l'hymne de Riego ou le viva el Rey neto (absolu) : indifférent devant les cortès, il avait quelque tendance paresseuse pour la royauté absolue. En Espagne, les guérillas sont faciles à recruter parmi les contrebandiers, les escopeteros, les chevriers et les voleurs embusqués dans les sierras, toujours

1. Sur les actes des congrès de Vienne et de Vérone, voyez le recueil du comte de Angeberg. (Paris, Amyot.)

2. Septembre 1823. Le parti royaliste en fit un reproche au duc d'Angoulême. Voyez mon *Histoire de la Restauration*.

les mêmes depuis Gil Blas ; les chefs de bandes s'improvisaient généraux ; l'insurrection est dans le tempérament de l'Espagne.

De la guerre de 1823, il ne resta que l'occupation française sans influence sur le caractère politique des événements. Ferdinand VII, sous la pression des exaltés royalistes, laissait la réaction se produire et se venger par l'exil ou la mort. La multitude applaudissait à ces mises en chapelle de braves officiers, martyrs de leurs idées. On courait pour les voir pendre, ou fusiller, comme autrefois on assistait aux processions du saint-office ; ce qui n'empêchait pas les fêtes, les courses de taureaux, les exercices des matadors, vêtus de soie rose et jaune. Les jeunes Andalouses, coquettement vêtues, une rose dans les cheveux, agitaient leur éventail devant les regimientos commandés pour les exécutions militaires. Jamais les plaisirs ne furent plus vifs, plus multipliés qu'après la seconde restauration.

En 1829, la cour apprit que le roi allait se marier pour la troisième fois ; ardent et pieux à la fois, Ferdinand ne pouvait trouver la pleine satisfaction de ses sens que dans le mariage. Les peintres de l'école espagnole ou flamande représentent les rois de la maison d'Autriche les lèvres sensuelles, le front sévère et chaste ; les Bourbons, qui mêlaient les joyeusetés galantes à la piété comme toute leur race, avaient gardé en Espagne une certaine sévérité de mœurs. Ferdinand VII choisit dans sa propre famille Marie-Christine, fille de Ferdinand V de Naples, née le 24 avril 1806, et par conséquent âgée de 23 ans. Elle allait apporter à la cour de la Granja et d'Aranjuez le caractère particulier des filles de Naples, un mélange de vivacité et de nonchalance, un esprit de coquetterie ravissante ; elle n'était pas jolie, mais gracieuse. Marie-Christine devait prendre un vif ascendant sur Ferdinand VII plus âgé de 25 ans que sa femme[1] : sous l'influence d'une jeune reine, la cour allait changer d'aspect. Comme sa sœur, la duchesse de Berry, Christine aimait le théâtre, le bal. Avec une grâce parfaite, elle encourageait le luxe, les réceptions ; alors on vit s'ouvrir les salons de la grandesse, les Altamira, Bedmar, Santa-Cruz, Frias, Infantado, Osuna, Sotomayor, Medina-Celi, Villahermosa, etc., etc. A côté de ces réunions de grandesse

1. Les dépêches d'ambassade constatent cette influence dès l'origine du mariage.

on distinguait le salon de l'aimable comtesse de Montijo, à Grenade ou à Madrid, maison hospitalière pour les étrangers : la comtesse embellissait tout par sa politesse. On aimait à voir grandir à ses côtés une jolie petite fille, Marie-Eugénie de Guzman Porte Carrero, puis comtesse de Téba. Chez madame de Montijo, très-dévouée à Ferdinand et à Marie-Christine, se réunissaient les artistes, les poëtes, les musiciens.

On s'éprenait en France pour le caractère espagnol, fier, sauvage et charmant, qu'un grand esprit[1] a ainsi résumé : « Les Espagnols sont des arabes chrétiens ; ils ont quelque chose d'imprévu. Le sang mélangé du Cantabre, du Carthaginois, du Romain, du Vandale et du Maure qui coule dans leurs veines, ne coule point comme un autre sang ; ils sont à la fois actifs, paresseux et graves... Dans ce pays, l'indépendance nuit à la liberté. Que font les droits politiques à un homme qui ne s'en soucie point, qui renferme sa vie dans son proverbe : *oueja de casta, pasto de gracia, hijo de casa* (brebis de race, repas gratis, enfant de la maison), à un homme qui, comme le Bedouin, armé de son

1. M. de Chateaubriand.

escopette et suivi de ses moutons, n'a besoin pour vivre que d'un gland, d'une figue, d'une olive? Il ne lui faut qu'un voyageur ennemi pour l'envoyer à Dieu, qu'une chevrière pauvre et fille d'un vieux père pour l'aimer : « Père vieil et manche déchirée n'est pas déshonneur. *Padre viejo, y manga rota, no es deshonrra...* Le *majo* (berger) en soie du Guadalquivir, lance en houlette, chevelure retenue par une résille, ne distingue jamais la chose de la personne et réduit toute dissidence d'opinion à ce dilemne : tue ou meurs[1]. »

Les femmes de l'Espagne étaient devenues à la mode ; lord Byron dans *Child-Harold* et *Don Juan* avait chanté la beauté des filles de Cadix et de Grenade ; les poëtes les prenaient pour type : on faisait des odes et des ballades où paraissaient « le fou de Tolède, le muletier, l'Andalouse au front bruni, la femme *à la plume noire*, dont le teint de bistre narguait le fard ; elle criait bravo dans le cirque au taureau qui faisait mordre la poussière au matador : son regard était un poignard. » A l'opéra on dansait le boléro, la cachucha ; au son des castagnettes on

1. *Congrès de Vérone*, Préliminaire.

rappelait sur la scène les coquets dialogues de Ségovie, de Cadix ou de Séville : ce mélange de moines, de peuple, de danseurs plaisait à tous. En peinture, l'école espagnole obtenait un triomphe : quels anges avaient triomphalement amené à Paris la vierge de Murillo?

Le roi Ferdinand VII avait repris un peu sa gaieté populaire ; il aimait éperdument Marie-Christine. En vain, on avait voulu jeter des soupçons dans le cœur du roi! Les reines d'Espagne ont été si souvent calomniées : l'usage veut qu'elles tutoient familièrement tout le monde; elles ne se gênent pas dans la vie de cour ; les Espagnoles font la sieste, nu bras, le cou nu: les grandes chaleurs autorisent un sans-gêne d'habillement, on parle souvent une langue hardie qui peut faire supposer que Ruy-Blas est aimé de la reine; la coquetterie gouverne l'Espagne et non pas la licence. Il n'y a pas de jeunes filles plus libres et plus sages que les Andalouses, les Valenciennes; elles babillent le sentiment, elles gazouillent l'amour au balcon, la vie est un baisemain continu.

C'est au comble d'une joie enivrante que Ferdinand VII apprit que la reine était enceinte. La dépêche de l'ambassade de France annonçait . « qu'il fallait s'attendre à tout de la faiblesse galante de Ferdinand VII. Si la reine accouchait d'un garçon, rien de plus simple, les idées d'hérédité mâle étaient sauvegardées ; mais le roi paraissait décidé s'il n'avait pas de fils, à proclamer reine sa fille Isabelle, en abolissant d'une façon absolue la loi salique pour les deux infantes : la branche aînée des Bourbons ne pouvait accepter l'abolition d'un tel principe; car une infante d'Espagne pouvait épouser un prince autrichien et l'œuvre de Louis XIV était compromise [1]. La maison d'Orléans suivait la même ligne que son aînée, en invoquant ses droits de réversibilité. Ferdinand VII était secondé dans son projet par l'Autriche et même par l'Angleterre, qui n'avait qu'un but : « Arracher l'Espagne aux Bourbons. » L'Angleterre était déjà parvenue à faire reconnaître les colonies espagnoles en les séparant de la métropole. Lord Palmerston disait que « l'Angleterre aurait payé 50 millions de livres sterlings et 100,000 hommes un tel résultat. » Elle l'obtenait sans dépenser un shilling.

1. Dépêche de M. de Rayneval.

XII

La naissance d'Isabelle. — Léthargie de Ferdinand. — Régence de Christine. — Retour du roi à la vie. — Sa lettre à Christine. — Protestation de don Carlos. — Calomarde. — M. de Zea. — Le Portugal et don Pedro. — Miguel. — Mort de Ferdinand VII. — Doña Isabel, reine. — Insurrection des royalistes de don Carlos. — Madrid menacé. — Espartero. — Le prononciamiento de la Granja. — Le roi Louis-Philippe et la reine Christine. — Mariage espagnol. — Politique générale de l'Espagne.

(1833-1850)

Une joie toute populaire éclatait à Madrid! une infante était née au roi! on lui donnait le nom tout espagnol d'Isabelle, en mémoire de la grande reine de Castille. Le roi Ferdinand était au comble du bonheur, comme un vieux père heureux de tenir dans ses bras, l'enfant des derniers jours. Le moment était fort critique pour la monarchie espagnole ; la révolution de 1830 venait d'éclater depuis quelques mois à Paris. Quelle force pour les amis de la constitution de 1812 alors exilés en France, en Angleterre; accourus autour de M. de la Fayette, le patriarche des insurgés, les Espagnols réfugiés en France reçurent des passe-ports, des armes, de l'argent jusqu'aux Pyrénées.

Le roi Ferdinand avait pour ministre M. Calomarde, homme dur et ferme qui déclara : « que la peine de mort serait inflexiblement appliquée à tous les réfugiés qui pénétreraient en Espagne les armes à la main[1]. » M. de Calomarde ajouta même que par représaille, si le roi Louis-Philippe ne dispersait pas les bandes d'insurgés, le gouvernement espagnol autoriserait les rassemblements des légitimistes français sur les Pyrénées vis-à-vis les provinces du Midi[2]. Cette situation violente devait se calmer par l'intervention personnelle des deux rois, également bourbons (la reine Marie-Amélie était tante de Marie-Christine). La correspondance la plus amicale régnait entre les deux cours. On convint de part et d'autre que les réfugiés seraient internés ; les Espagnols qui avaient voulu pénétrer dans leur patrie avaient été ramenés à coup de fusil par les troupes des frontières ; M. de Calomarde avait montré de la fermeté dans l'exercice du pouvoir.

A cette cause accidentelle d'un trouble dans la Péninsule, était venue se joindre une difficulté diplomatique à Lisbonne où Miguel était roi ;

1. Le 10 juin 1830.
2. Note à M le comte Molé.

caractère sauvage, digne enfant des Pedro, des Fernando de l'époque d'Iñez de Castro, il avait entrepris d'expulser les Anglais du Portugal. Le cabinet de Londres ne pouvait subir cette disgrâce ; les journaux jetèrent mille calomnies sur don Miguel, on le présenta comme un fou furieux[1]. Lord Palmerston décida don Pedro, empereur du Brésil, à réclamer le trône du Portugal pour sa jeune fille, dona Maria-Gloria, sous la protection de l'Angleterre. Ainsi deux enfants étaient destinées à s'asseoir sur le trône de la Péninsule : Isabelle en Espagne, Maria-Gloria en Portugal. Les Espagnols, les Portugais aimaient les gouvernements de femmes, dernier reflet de la chevalerie.

A Saint-Ildephonse, à Madrid bientôt courut un bruit sinistre : le roi Ferdinand VII venait de subir une crise terrible ; il était dans une telle prostration léthargique, sans pouls, sans respiration qu'on l'avait cru mort. Pendant cette longue crise, la reine Christine n'avait pas quitté le chevet du lit, prodiguant au roi les soins les plus tendres, les plus affectueux ; elle avait aussi pris les rênes de la Régence avec

1. Le *Times* avait une atroce correspondance de Lisbonne, il présentait don Miguel comme un ogre.

une fermeté remarquable de manière à étonner les hommes d'État. Quand Ferdinand revint à la vie, il jeta ses bras décharnés autour du cou de Christine ; on aurait dit une scène du moyen âge espagnol où la mort se mêlait aux pompes de la royauté. A son retour à la vie, Ferdinand écrivit à la reine une lettre de reconnaissance, on pourrait presque dire d'amour passionné [1] : « A mon épouse bien-aimée, la reine, disait-il, pendant la grave et douloureuse infirmité dont il a plu à la Providence de m'affliger, la présence et les soins continuels de Votre Majesté ont fait tout mon repos et toute ma joie. Jamais je n'ouvris les yeux sans vous voir à mon côté, et sans trouver dans vos regards et dans vos paroles un adoucissement à mes souffrances, jamais je ne reçus de secours qui ne vinssent de votre main. Je vous dois les consolations qui m'ont été prodiguées dans mes peines, les allégements qu'ont éprouvés mes douleurs ; affaibli par une longue maladie, retenu par une convalescence délicate et prolongée, je vous confiai les rênes du gouvernement afin que l'expédition des affaires ne subît aucun retard ; j'ai vu avec joie

1. Cette lettre fut insérée dans les journaux espagnols.

l'étonnante promptitude et la sagesse avec lesquelles vous les avez dirigées et surpassé ma confiance ; tous les décrets que vous avez rendus, tous vos actes sans exception ont mérité mon assentiment autant par leur sagesse que par leur opportunité pour la félicité des peuples dont le Seigneur m'a confié la direction suprême. Rétabli de mes maux et me chargeant de nouveau de la direction des affaires, je dois à Votre Majesté les plus sincères remercîments pour ses veilles auprès de moi, pour ses travaux et son habileté dans le gouvernement. La reconnaissance qui vivra dans mon cœur pour des services aussi éminents, servira à accroître et à justifier l'amour que m'ont dès longtemps inspiré vos talents et vos vertus. Je me glorifie et je félicite Votre Majesté de ce qu'ayant été les délices du peuple espagnol depuis son avénement au trône, elle soit encore aujourd'hui pour les épouses un exemple de tendresse conjugale, et pour les reines un modèle dans l'administration. »

Par cette lettre, expression d'une reconnaissance méritée et sans bornes, tous les pouvoirs de la Régence étaient confiés à Marie-Christine, et le roi pour achever l'œuvre convoqua autour du trône les cortès *por estamento* [1] qui devaient reconnaître et saluer comme reine, l'innocente Isabelle (ainsi l'appelait déjà le peuple espagnol si expressif) sous la régence de Marie-Christine sa mère. Le roi changeait l'ordre de succession et de gouvernement dans le droit public espagnol. L'Europe sans y prêter la main laissait faire. Aucun de ces actes n'était inconnu à l'infant don Carlos, qui d'après la loi salique devait hériter de la couronne. Don Carlos, prince à la fois sérieux, grave et aimable, n'était pas seulement un homme, mais un parti. Très-aimé dans plusieurs provinces d'Espagne, il pouvait en levant la main, grouper autour de lui une armée ; l'argent ne lui manquait pas [2], le peuple non plus ; il était dans le droit et les principes, si l'ordre héréditaire était conservé. Ferdinand VII était-il roi tellement absolu, qu'il pût de sa seule volonté changer l'ordre de succession à la couronne?

Don Carlos n'oublia aucun de ses devoirs, et une protestation solennelle fut adressée en son

1. Les pouvoirs des cortès *por estamento*, équivalaient à ceux des assemblées des notables en France.

2. L'Autriche et la Russie lui avaient facilité un emprunt

nom à la nation espagnole, contre le testament du roi son frère. Cette protestation à peine connue, le roi Ferdinand écrivit à l'infant une lettre très-affectueuse dans les termes, mais dans le fait un ordre d'exil : « Mon très-cher frère Carlos, je n'ai jamais douté de ton affection pour moi, j'espère que tu ne doutes pas davantage de celle que j'ai pour toi; mais je dois veiller aux intérêts de mes droits, à ceux de ma fille, de même qu'à ceux de ma couronne. Je ne veux pas non plus faire violence à ta conscience en te faisant renoncer à tes prétendus droits que tu crois que Dieu seul peut t'ôter, quoiqu'ils ne soient fondés que sur la division des hommes. Mais l'affection fraternelle que j'ai toujours eue pour toi me décide à t'épargner les dégoûts que tu éprouverais dans un pays où tes droits sont méconnus. Mes devoirs de roi m'obligent à éloigner la présence d'un infant dont les prétentions pourraient servir de prétexte aux mécontents. Des raisons de la plus haute politique, les lois du royaume qui l'ordonnent expressément, ta propre tranquillité qui m'est aussi chère que le bien des peuples ne te permettent plus de retourner en Espagne, je t'autorise à te diriger tout de suite avec ta famille vers les Etats pontificaux [1]. »

On aurait dit une raillerie. Cet acte très-arbitraire, un ordre d'exil, ne changeait rien à l'état des choses ; le parti carliste était prêt et au premier signal de son roi (don Carlos) il prendrait les armes dans la Navarre, la Biscaye, l'Aragon, le Guipuzcoa. Don Carlos serait salué roi à la mort de son frère [2] ; on le savait bien à Saint-Ildephonse et l'on redoutait cette crise : c'est ce qui explique les soucis du roi et la disgrâce de M. Calomarde. Ferdinand VII voulut imprimer une grande solennité à la proclamation de la jeune Isabelle, comme héritière de la couronne d'Espagne. Alors furent célébrées à Madrid des fêtes qui durèrent dix jours : danses mauresques, *reale foncion* de taureaux données par longs intervalles et pour les plus grands événements de la monarchie. Ce fut au mois de juin 1833 [3] que ces fêtes présentèrent le plus

1. Copiée sur le texte. Don Carlos n'obéit pas. On dirait cette lettre une moquerie. Calomarde était opposé aux opinions du roi.

2. Cet événement était attendu : jusque-là il n'y aurait pas de prise d'armes, les Espagnols sont patients.

3. J'assistai à ces fêtes dans la loge du comte de Rayneval, ambassadeur de France. Elles me frappèrent vivement.

grand attrait au peuple. A quelques mois de là, le 29 septembre, Ferdinand VII mourut ; l'avénement d'Isabelle s'accomplit sans opposition sérieuse, au milieu des acclamations populaires. Une infante de trois ans sur le trône, parée de toutes les fleurs de l'innocence est toujours doucement saluée : la reine Christine devint encore une fois régente. Sa capacité, sa fermeté s'étaient déjà révélées. M. de Calomarde[1] fut remplacé par M. de Zea, élevé dans les principes constitutionnels. Spirituel, doux, accommodant, M. de Zea représentait le juste milieu entre le roi absolu et les cortès de 1812. Dans un pays comme l'Espagne, l ne pouvait donc être qu'une transition. On marcherait toujours en avant d'un côté ou d'un autre pour aller aux extrêmes.

L'idée anglaise triomphait à ce moment à Lisbonne : dom Pedro, aidé d'une bande de condottieri[2], hommes recrutés partout et réunis dans les Açores, débarquait sur le

1. M. de Calomarde fut remercié pendant la maladie du roi. Ferdinand VII lui dit fort durement : « Va-t'en, Calomarde, tu me trompes. »

2. Cette bande, bien soldée, comptait des Allemands, des Suisses, des Anglais, des Français. Ce qu'il y avait le moins, c'était des Portugais.

Tage et une révolution renversait dom Miguel. Avec doña Maria-Gloria, le Portugal reprenait le joug politique et commercial de l'Angleterre. A Londres, on appuyait cette situation étrange sur une alliance offensive et défensive entre les quatre puissances intéressées : la France, l'Angleterre, l'Espagne et le Portugal : « Sa Majesté, le roi des Français, disait le traité, s'oblige à prendre sur les frontières de ses États, les mesures les plus propres à empêcher les insurgés de l'Espagne de recevoir du territoire français aucune espèce de secours en armes, hommes ou munitions de guerre. — Sa Majesté le roi de la Grande-Bretagne s'oblige à donner à S. M. Catholique les armes et munitions de guerre dont elle pourrait avoir besoin, et en outre, s'il devenait nécessaire, à aider Sa Majesté Catholique avec une force navale. — Sa Majesté Impériale, le régent de Portugal au nom de la reine doña Maria, animée entièrement des mêmes sentiments que les augustes alliés et désirant de plus en plus se montrer reconnaissante des engagements pris par Sa Majesté la reine régente d'Espagne, s'oblige à coopérer, en cas de besoin, à aider Sa Majesté Catholique avec tous les moyens qui sont en son pouvoir et de la manière dont il sera convenu entre leurs dites Majestés[1]. »

Ce traité tout provisoire que M. de Talleyrand et lord Palmerston opposaient aux alliances de l'Europe, n'était qu'un protocole pour assurer un concours aux gouvernements de la reine Isabelle et de Maria-Gloria contre les entreprises de don Carlos et de dom Miguel. On craignait les carlistes, l'escopette au poing, formant de grandes guerillas dans le nord de l'Espagne, populations rudes et braves. Don Carlos était un prince intelligent, spirituel, vrai caractère castillan, galant, passionné. J'ai sous les yeux une lettre qu'il écrivait tout en se battant à sa cousine Thérèse-Marie de Beira, princesse de Portugal : « Ma bien-aimée, mon unique consolation, ma belle Teresita, j'ai eu le bonheur de recevoir ta courte, mais excellente lettre. Tu me mandais que tu étais alarmée de n'avoir pas reçu de mes nouvelles, et dans l'inquiétude de me savoir près de l'Èbre, poursuivi par toute l'infernale armée christine ; que, pour comble de malheur, tu souffrais d'un violent mal de tête qui te permettait à peine

1. Article additionnel au traité de la quadruple alliance, fait à Londres le 18 août 1834.

d'ouvrir les yeux ; et malgré ces souffrances, tu m'écrivais, cher ange! Comme tu as dû souffrir! Je te remercie mille fois de ta bonté. Je sais bien qu'en m'écrivant tu faisais trêve à tes angoisses; mais dans l'état où tu te trouvais, ce soin a dû te fatiguer beaucoup ; ton amour pour moi ne connaît pas d'obstacles; sois assurée que tu es payée de retour. Ma bien-aimée, je ne puis te dire combien il m'est pénible de penser à toutes les inquiétudes dont je suis la cause. Je ne suis pas étonné que tes alarmes soient continuelles ; mais ce qui m'afflige le plus, c'est de songer à toutes ces fausses nouvelles qui te parviennent. Au reste, ces rapports mensongers ne nous manquent pas non plus ; il n'est que trop de misérables intéressés à répandre ces rumeurs dans nos rangs pour décourager les soldats. Ainsi je ne suis pas étonné que de faux bruits arrivent jusqu'à toi, lorsque dans notre quartier général même on les fait circuler. »

En lisant cette lettre, on se dirait au temps des chevaliers du Cid et de la guerre contre les Maures. La cause de Carlos n'était pas encore perdue; ses armes menaçaient Madrid; elle avait pour elle toutes les sympathies des camagnes : devant les villes, elle avait échoué . à Barcelone, à Valence, à Saragosse et maintenant devant Madrid. Les villes étaient pleines d'étrangers, réfugiés de tous les pays, marchands de toutes les contrées, qui formaient la milice nationale, l'élément vivace du parti des cortès que la reine Christine venait de convoquer. Avec les cortès, elle forma un ministère présidé par M. Martinez de la Rosa[1], écrivain distingué, poëte et spirituel érudit aux formes gracieuses. Martinez de la Rosa, longtemps l'hôte aimé dans les salons de Paris, serait-il toujours le maître de sa conduite ? N'était-il pas entouré, poussé par le parti des cortès si désireux de reprendre sa position? Après le siége de Madrid par don Carlos, le parti victorieux se montra avec ses exigences. Il avait pour chef Baldomero Espartero, hardi, intrépide, né dans la Manche, cœur dur, caractère sauvage, qui aspirait à la dictature. Les partis pardonnent tous les excès à qui sert leur passion ou leur intérêt. Il y avait alors deux espèces de généraux en Espagne : les vieux, fils de leurs œuvres, nés d'artisans, improvisés durant la guerre de l'in-

1. M. Martinez de la Rosa était à Paris depuis 1823; on le rencontrait beaucoup dans les salons de M. Guizot.

dépendance; les autres, gentilshommes, sortis la plupart des gardes wallones. Marie-Christine avait secrètement contracté un mariage de conscience. Espartero soutenait que par ce seul fait la reine mère était déchue de la régence. Christine se défendait par toutes les forces constitutionnelles. Toreno, Mendizabal, présidents du conseil après Martinez de la Rosa, lui imposaient les conditions les plus dures. Le député Arguelles, maître de la situation, voulait en finir.

Durant l'été (1835), la cour résidait au château de la Granja (Saint-Ildephonse), la résidence chérie de Philippe V, parée à la française, d'ombrages, d'eaux, de fleurs : les deux infantes Isabelle et Marie-Fernande, avec la reine, habitaient l'aile droite du palais. On était au 20 août, la chaleur était étouffante, les croisées pleinement ouvertes, lorsqu'on entendit un grand cliquetis d'armes et l'hymne du Riego qui précédaient tous les pronunciamentos : « Onze compagnies du régiment de la princesse (environ mille hommes) étaient entrées dans le palais et avaient voulu s'emparer de toutes les issues et pénétrer jusqu'aux appartements de la jeune reine. La défense des gardes fut opiniâtre ; on se battit dans le salon de la reine, dans la salle des ambassades : dix-huit hallebardiers avaient défendu, pied à pied, avec un superbe héroïsme, chaque appartement jusqu'à la porte de la chambre à coucher des infantes, où des balles avaient pénétré. Pendant ces combats, les deux pauvres petites princesses priaient et demandaient du secours. Elles se couchèrent sous des matelas dans la crainte d'être atteintes par les mousquetades. Les chefs, Diego de Léon et Concha, voyant que le palais était cerné par les troupes d'Espartero, se sauvèrent par une porte cachée conduisant dans la campagne. Les soldats ainsi abandonnés par leurs chefs déposèrent les armes et se rendirent à discrétion[1]. »

Le pronunciamento de la Granja réalisait le but qu'Espartero avait imposé. Les pronunciamentos ont ce caractère particulier en Espagne, qu'ils aboutissent d'abord à faire donner des titres, des cordons aux chefs qui les conduisent : Espartero se fit décerner le titre fanfaron de duc de la Victoire. Il ne perdait pas de vue son

1. M. de Rayneval, l'ambassadeur de France, était alors malade ; il mourut quelques jours après ; c'était un esprit de haute portée et charmant.

but l'abdication de la reine Christine, afin que libre, il se fît régent du royaume et dictateur de l'Espagne ; la dictature est presque toujours la formule définitive des révolutions. Sous cette dure épée qu'allaient devenir les pauvres petites infantes privées du regard de leur mère : comme le duc de Glocester, Espartero allait-il étouffer les deux niñas sous un oreiller de soie? Espartero procédait avec méthode ; il se plaignait d'abord à la reine mère : « Que Votre Majesté publie un manifeste à la nation, promettant que la constitution ne sera pas altérée, que les cortès actuelles seront dissoutes, et que les lois rendues par les cortès seront soumises à la délibération de nouvelles cortès qui seront convoquées. Ce manifeste tranquillisera les esprits, si, en même temps, Votre Majesté choisit six conseillers de la couronne d'opinion libérale, purs, justes et sages. »

Poussée aux dernières limites, la reine Christine vit bien qu'elle n'était plus qu'un instrument dans les mains d'Espartero et qu'il valait mieux abdiquer la régence que de la déshonorer : « La situation actuelle de la nation, écrivait-elle, et l'état précaire de ma santé m'ont décidée à renoncer à la régence du royaume, qui, pendant la minorité de mon illustre fille Isabelle II, m'a été conférée par les cortès constituantes de la nation, assemblées en 1836. Je crois agir dans l'intérêt de la nation en y renonçant. J'espère que les cortès nommeront pour ces hautes et importantes fonctions des personnes capables de rendre le peuple aussi heureux que ses vertus lui donnent le droit de l'être. Je confie à la nation mon auguste fille. Voulant que ceci reçoive son plein et entier effet, je signe le présent acte d'abdication. — MARIE-CHRISTINE[1]. »

Espartero, ainsi maître du pouvoir, promit solennellement la mise en activité de la constitution de 1812, en s'entourant de tous les députés des cortès aux principes ardents qui avaient soutenu le pronunciamento de l'île Léon en 1820 : Arguelses, Vidal, Mendizabal. Le but était atteint, et on allait reconstituer les cortès de 1812, la république sous le titre de régence : les députés les plus démocrates furent nommés tuteurs de la reine Isabelle et de l'infante Fernande ; cette tutelle était si impérative que les infantes ne pouvaient écrire à leur mère que sous la dictée du régent.

1. Valence, 12 octobre 1840.

Tant de tyrannie avait soulevé les esprits; les insurrections contre le régent éclatèrent dans la Catalogne et l'Andalousie. On vit alors Espartero, ce maure chrétien, bombarder sans pitié Barcelone, Séville, et répondre avec cruauté aux habitants qui voulaient se justifier : « Je suis décidé à faire tomber le couteau de la loi d'une manière inexorable sur les coupables. » *Hacienda caer la cuchilla de la ley contra los culpables de una manera inexorable.*

La reine Christine et don Carlos quittaient presque simultanément le territoire de l'Espagne : la régente passait en France. Louis-Philippe l'aimait comme un esprit sérieux et habile dans les affaires. Avec une prévoyance hors ligne, Marie-Christine avait d'énormes économies envoyées en France, en Angleterre (on disait huit millions de duros). Elle espérait renverser le pouvoir éphémère et violent qui dominait à Madrid. Quand Christine venait en France, don Carlos était interné à Bourges, près de ce château de Valençay où infant il avait passé une partie de sa jeunesse. Don Carlos avait un fils, le prince des Asturies, d'un caractère doux, d'une éducation toute espagnole. La reine Christine voulait réaliser son mariage avec la reine Isabelle[1]. De cette manière les deux partis considérables qui divisaient l'Espagne pourraient tourner leur force contre le pronunciamento désordonné qui agitait Madrid.

Ce rapprochement avec le fils de don Carlos avait amené une curieuse correspondance entre ce prince et la reine mère. Christine écrivait à don Carlos : « Bien que souffrante encore d'une légère indisposition, je réponds moi-même à votre dépêche. Je passe sous silence les points de la proposition que vous m'avez soumise, et auxquels je n'ai pas d'objections à faire, et je n'énumère pas ceux qui me paraissent susceptibles soit d'une modification assez large, soit même d'un rejet complet. Je souscrirai au mariage que vous me proposez entre mon auguste fille, la reine très-légitime d'Espagne, et Son Altesse le prince des Asturies. »

Pendant ces négociations, la résistance au régent Espartero prenait de grandes proportions : des officiers généraux considérables se prononçaient contre le dictateur : le premier entre tous fut don Ramon Narvaez, de la province d'Andalousie. Narvaez avait servi comme

1. Louis-Philippe approuvait beaucoup cette transaction.

cadet dans les gardes wallones. C'était un esprit libéral, ancien lieutenant de Mina, mais qui n'abandonnait pas la cause de l'infante et de la reine mère. Narvaez prit le commandement des troupes dirigées contre Espartero. L'indignation suscitée par le bombardement de Barcelone et de Séville servit sa cause. Le général Prim, officier de valeur, fut fait comte de Reuss, et Léopold O'Donnell comte de Lucena.

O'Donnell, d'origine irlandaise, capitaine à dix-neuf ans, colonel à vingt-cinq, s'était prononcé pour la régence de la reine Christine après la mort de Ferdinand VII. Avec une loyauté chevaleresque il avait protégé la personne de la reine mère jusqu'à la frontière : adversaire d'Espartero, il ne cessa de combattre contre lui jusqu'à ce que le dictateur, vaincu, accablé, abandonné, s'enfuit en lançant une proclamation presque insolente. Espartero se réfugia en Angleterre où il reçut une splendide hospitalité. Il y avait justice, car c'était pour les intérêts anglais qu'Espartero avait combattu. La restauration du pouvoir de la reine mit un peu d'ordre et de tranquillité. Isabelle atteignait sa majorité : jeune fille, elle inspirait un doux intérêt. La reine Christine songeait à la marier.

La question des mariages espagnols était considérable au point de vue diplomatique; l'Angleterre avait atteint son but à l'égard du Portugal : doña Maria épousait le duc de Leuchtenberg, et, veuve ensuite, on lui donnait pour second mari un prince de Saxe-Cobourg : l'Angleterre restait ainsi maîtresse du Portugal, son fief commercial. Ce même but, lord Palmerston voulait l'atteindre pour l'Espagne; il espérait donner à Isabelle un roi de la race anglo-saxonne et ainsi rendre impossible le retour du pacte de famille. Espartero pouvant servir les desseins de lord Palmerston, le ministre anglais soutenait son pouvoir, sa dictature. L'Angleterre ne s'est jamais inquiétée de la forme et de la justice des gouvernements, pourvu qu'ils appuient sa politique.

Le roi Lous-Philippe n'acceptait pas cette politique de lord Palmerston[1] ; quelles que fussent les nécessités de la situation gouvernementale, il n'avait cessé d'être Bourbon. Il espérait donc un double mariage espagnol : il n'avait pas demandé la jeune reine Isabelle, pour un de ses fils, c'eût été trop afficher l'ambition de

1. Le roi mit une grande habileté dans les détails de cette négociation.

Louis XIV. Seulement il voulait empêcher que la couronne d'Espagne ne sortît de la maison des Bourbons. A cet effet, il approuva que Marie-Christine donnât pour mari à sa fille Isabelle, l'infant François-d'Assise-Ferdinand, fils aîné de l'infant François-de-Paule. En même temps, le duc de Montpensier épousait la seconde infante Louise-Marie-Fernande[1]. Ainsi le double mariage maintenait l'Espagne dans la maison des Bourbons. Lord Palmerston en éprouva une violente colère et l'alliance anglo-française en fut profondément altérée[2].

Après le mariage espagnol, au milieu des pronunciamentos et des révolutions, on voit l'Europe se retirer de l'Espagne et ne plus beaucoup s'inquiéter ni de sa politique, ni de ses fantaisies d'ordre et de désordre. Désormais on la considéra comme un pays dans lequel un système raisonnable avec des éléments de durée n'était jamais longtemps possible. La république même solennellement proclamée aurait contre elle des pronunciamentos.

Aux mariages espagnols, il faut clore l'his-

1. Ces deux mariages se firent le 10 octobre 1846.

2. Ce fut une des causes actives de la révolution de Février.

toire des négociations sérieuses et traditionnelles de l'Espagne. Tout ce qui vient après appartient à la fantaisie : la grande ombre d'Isabelle la Catholique doit s'agiter dans la tombe : qu'est devenue la chevalerie? où sont le Cid, Gonzalve de Cordoue, Ximenès, Charles-Quint, Philippe II et ces grands jours où l'Espagne gouvernait la politique, les lettres, les arts. Ce n'est pas calomnier le temps des pronunciamentos, que de lui préférer la vieille Espagne où le soleil ne se couchait jamais dans les deux mondes ; cette époque où Velasquez composait ses belles toiles et Murillo peignait ses vierges célestes !

FIN

TABLE

PARIS. — IMP. SIMON RAÇON ET COMP., RUE D'ERFURTH, 1.

AMYOT, ÉDITEUR, 8, RUE DE LA PAIX

PARIS

EXTRAIT DU CATALOGUE

AOUT 1868.

☞ *Ce Catalogue annule tous les précédents.*

ACTES OFFICIELS.

De la République romaine, depuis le 9 février 1849, jusqu'au 2 juillet 1849, 1 vol. in-8.................. 3 fr.

AIMARD (GUSTAVE)

Romans Américains, le vol..... 3 fr. 50

Première série.

1. Les Trappeurs de l'Arkansas... 1 vol.
2. Les Rôdeurs de Frontières.... 1 vol.
3. Les Francs-Tireurs.... 1 vol.
4. Le Cœur-Loyal......... 1 vol.

Deuxième série.

1. Le Grand Chef des Aucas.. 2 v.
2. Le Chercheur des Pistes. 1 v.
3. Les Pirates des Prairies. 1 vol.
4. La Loi de Lynch....... 1 vol.
5. La Grande Flibuste..... 1 vol.
6. La Fièvre d'or......... 1 vol.
7. Curumilla .... 1 vol.
8. Valentin Guillois....... 1 vol.

Troisième série.

1. Les Outlaws du Missouri. 1 v.
2. Balle-Franche.......... 1 vol.
3. L'Éclaireur............ 1 vol.

Quatrième série.

1. Les Chasseurs d'Abeilles.. 1 v.
2. Le Cœur de Pierre..... 1 vol.

Cinquième série.

1. Le Guaranis........... 1 vol.
2. Le Montonero.......... 1 vol.
3. Zéno Cabral........... 1 vol.

AIMARD (suite).

Sixième série.

1. Les Aventuriers....... 1 vol.
2. Les Bohêmes de la mer. 1 vol.
3. La Castille d'or........ 1 vol.

Septième série.

1. Les Gambucinos........ 1 vol.
2. Sacramenta............ 1 vol.

Huitième série.

1. La Mas-horca.......... 1 vol.
2. Rosas................. 1 vol.

La Main-Ferme........... 1 vol.
L'Eau qui court........... 1 vol.
Les Nuits mexicaines...... 1 vol.
Les Vaudoux............. 1 vol.

Les Invisibles de Paris, le volume............ .... 3 fr. 50

1. Les Compagnons de la Lune. 1 vol.
2. Passe-Partout.......... 1 vol.
3. Le comte de Warrens... 1 vol.
4. La Cigale............. 1 vol.
5. Hermosa.............. 1 vol.

Romans Américains, édit. illustrée.

Le Cœur-Loyal......... 1 fr. 60
Les Rôdeurs de Frontières 1 fr. 60
Les Francs-Tireurs...... 1 fr. 90
Le Scalpeur Blanc...... 1 fr. 80
Balle-Franche.......... 1 fr. 90

Les numéros indiquent l'ordre dans lequel chaque série doit être lue.

ALLEMANDS (DES).

Par un Français, 1 v. in-8. 3 fr. 50

ALMANACH DE PARIS

(Paraît tous les ans)

Annuaire des cours de diplomatie, de politique, d'histoire et de statistique pour tous les États du globe, 1 vol. de 900 pages, relié en toile.......... 5 fr.

Historique.—Anciens souverains.—Souverains régnants.—Personnages des cours.—Ordres et décorations.—Corps diplomatique et consulaire étranger.—Constitution.—Administration.—Ministères.—Grands pouvoirs de l'État.—Personnel du gouvernement et de l'administration supérieure, du clergé, de l'armée et de la marine.—Statistique—Territoire.—Population.—Finances.—Budget—Recettes. Dépenses—Dette publique.—Armée.—Marine.—Cultes.—Instruction publique.—Agriculture.—Commerce—Banques.—Institutions de crédit.—Chemins de fer.—Navigation.—Routes—Postes.—Monnaies.—Poids.—Mesures.

En vente les années 1865, 1866, 1867, 1868.

D'ALMBERT.

La Cour du roi Stanislas et la Lorraine en 1748, 1 volume in-12................ 3 fr. 50

Physiologie du Duel, 1 volume in-8.................. 5 fr.

AMIGUES (JULES).

Les Amours stériles, 1 volume in-12................ 3 fr. 50

Les Fêtes de l'Église romaine, 1 volume in-8, illustré.. 8 fr.

ANDERSEN.

L'Improvisateur, ou la Vie en Italie, traduit du danois, 1 vol. in-12.............. 3 fr. 50

ANGEBERG (COMTE D').

Le Congrès de Vienne et les Traités de 1815. Recueil des Actes diplomatiques, avec une introduction historique par M. Capefigue, 4 vol. grand in-8 de 2200 pages............. 50 fr.

Recueil des Traités, conventions et actes diplomatiques concernant l'Autriche et l'Italie (1703-1859), fort volume in-8 de 800 pages........... 12 fr. 50

Recueil des Traités, conventions et actes diplomatiques concernant la Pologne (1762-1862), 1 fort volume in-8 de 1200 pages (rare, épuisé).......... 40 fr.

ARCHIVES DIPLOMATIQUES.

Recueil mensuel de Diplomatie et d'Histoire, paraissant tous les mois et formant 4 gr. vol. in-8 par an. 50 fr. l'année pour la *France*, port en sus pour l'étranger.

2000 documents par an.

Les souscriptions partent du 1er janvier de chaque année.

Les sept premières années, 1861, 1862, 1863, 1864, 1865, 1866 et 1867 en vente.

En cours de publication, l'année 1868.

ARMANDI (GÉNÉRAL).

Histoire militaire des Éléphants, depuis les temps les plus reculés jusqu'à l'introduction des armes à feu, avec des Observations critiques sur quelques-uns des plus célèbres faits d'armes de l'Antiquité, 1 gros vol. in-8..... 8 fr.

L'ARMÉE FRANÇAISE EN 1867.

1 vol. in-8, 19e édition....... 5 fr.

AUBENAS.

Histoire de l'Impératrice Joséphine, 2 vol. in-8, avec une photographie par Bingham...
15 fr.

AUBERT (ÉDOUARD).

Vallée d'Aoste, 1 vol. grand -4, 33 gravures sur acier, grandes vues sur bois, 37 gravures d'archéologie, 40 écussons 2 mosaïques or et couleur, rtes. . . . . 50 fr.
uvrage couronné par l'Académie des inscriptions et belles-lettres).

AUTRICHE (DE L').

e son avenir, 1 volume in-8. 7 fr. 50
raduit de l'allemand.

AVENEL (PAUL).

Roi de Paris, 1 volume in-12. 3 fr. 50

AVÈZE (MARQUIS D').

Tour en Irlande, 1 volume -8. . . . . 7 fr. 50

BARANTE (BARON DE).

ttres de Louis XVIII au omte de Saint-Priest, 1 volume in-8. . . . . 7 fr. 50

BARBEY D'AUREVILLY.

Œuvres et les Hommes au ix-neuvième siècle.
Les Philosophes et les Écrivains religieux, 1 vol. in-12. . 3 fr. 50
Les Historiens politiques et littéraires, 1 v. in-12. . . 3 fr. 50
Les Poëtes, 1 v. in-12. 3 fr. 50
Les Romanciers, 1 volume -12. . . . . 3 fr. 50

RTHÉLEMY (ÉDOUARD DE)

Ducs et les Duchés français depuis et avant 1789, 1 volume . . . . 4 fr.

TTHYANY (Comtesse Julie).

na, 1 vol. in-12. . . . . . 3 fr. 50
urnal d'Ilma, in-12. . . 3 fr. 50

BAZANCOURT (BARON DE).

Les Expéditions de Chine et de Cochinchine, d'après les documents officiels. 2 v. in-8. . 12 fr.

La Campagne d'Italie de 1859, 2 vol. in-8, avec une Carte générale des opérations militaires, les Plans des batailles de Magenta et de Solférino, les Biographies des généraux, et les États de service de tous les officiers tués. . . . . 12 fr.
— 2 vol. in-12, sans cartes ni plans . . . . 7 fr.

L'Expédition de Crimée, chroniques militaires de la guerre d'Orient, 2 vol. in-8 avec les portraits des maréchaux Saint-Arnaud, Pelissier, Canrobert, Bosquet. . . . . 12 fr.

Cinq mois au camp devant Sébastopol, lettres écrites au Ministre de l'intérieur pendant sa mission en Crimée, 1 volume in-12. . . . . 3 fr. 50

Histoire de la Sicile sous la domination des Normands, depuis la conquête de l'île jusqu'à l'établissement de la monarchie, 2 vol. in-8. . . . . 10 fr.

Les Secrets de l'épée, 1 vol. gr. in-8. . . . . 10 fr.

Nice et ses souvenirs, 1 volume in-12. . . . . 3 fr. 50

Le Mexique contemporain, 1 v. in-12. . . . . 3 fr. 50

BEAUMONT-VASSY (Vic. de).

Histoire des États européens depuis le Congrès de Vienne, 6 vol. in-8.
I. Belgique et Hollande. — II. Suède et Norvége, Danemark, Prusse. — III et IV. Grande-Bretagne. — V. États italiens. — VI. Empire russe. Chaque volume. . . . . 7 fr. 50

Les Suédois, depuis Charles XII jusqu'à Oscar Ier, 1 volume in-12. . . . . 3 fr. 50

Swedenborg ou Stockholm en 1756, 1 vol. in-8 . . . . . . 7 fr. 50

BEAUMONT-VASSY (suite).

Histoire de mon temps.—1re partie : Règne de Louis-Philippe, seconde République, (1830-1851), 4 vol. in-8, portraits de Louis-Philippe, de MM. Guizot, Thiers et Molé........ 24 fr.

2e partie. Présidence de Louis-Napoléon. — Second Empire (1852-1864) 2 vol. in-8, avec les portraits de Napoléon III, du comte de Morny, de lord Palmerston, de l'empereur Nicolas, de M. Drouyn de Lhuys, du comte Russell......... 12 fr.

BEAUNE (HENRI).

Voltaire au collége, sa famille, ses études, ses premiers amis, lettres et documents inédits, 1 vol. in-8.............. 5 fr.

BÉCHARD (FRÉDÉRIC).

Jambe d'argent, scènes de la grande chouanerie, 1 volume in-12................ 3 fr. 50

BELMONTET.

Les Lumières de la vie, 1 vol. in-12................ 3 fr. 50

BIANCHI GIOVINI.

L'Autriche en Italie, histoire de la domination autrichienne 2 vol. in-8............ 8 fr.

BIORNSTIERNA (GÉNÉRAL).

Tableau politique et statistique de l'Empire Britannique dans l'Inde, examen des probabilités de sa durée et de ses moyens de défense en cas d'invasion, 1 v. in-8. Carte............ 8 fr.

BLOCK (MAURICE).

Statistique de la France comparée avec les autres États de l'Europe, 2 forts v. in-8. 18 fr.

BONN (WILLIAM).

Trésor de la langue anglaise de sa prononciation.

Ire partie. — Monosyllab 1 vol.................. 3

Clef de la première partie. 2

IIe partie. — Polysyllabes, 1 lume.................. 4

Clef de la IIe partie..... 2 fr.

(Nouvelle méthode pour appr dre en trois mois à parler angl comme un Anglais).

BORROW (GEORGE).

La Bible en Espagne, voyag scènes de mœurs, 2 v. in-8. 10

BOUCHITTÉ.

Le Rationalisme chrétien à fin du onzième siècle, ou *Mo logium* et *Proslogium* de sa Anselme, archevêque de Can béry, sur l'essence divine. 1 v lume.................. 7 fr.

Ouvrage couronné par l'Acad mie et adopté par le Conseil l'Instruction publique.

BOUILLÉ (Marquis René de

Essai sur la Vie du marquis Bouillé, 1 vol. in-8...... 6

Histoire des ducs de Guise, 4 in-8.................. 24

BUCHEZ (P. J. B.)

Traité de Politique et Science sociale. Ouvrage po thume publié par ses exéc teurs testamentaires, Cerise Ott. 2 vol. in-8. Portrait. 15

BYRON (LORD).

Jugé par les témoins de sa vi 2 gros vol. in-8. Portrait. 15

CANOT (CAPITAINE).

Vingt années de la vie d'un n grier, autobiographie, 1 vo portrait, in-18......... 3 fr.

CAPEFIQUE.

[H]istoire de l'Eglise, 9 volumes in-8 ... 45 fr.

[—] Les quatre premiers siècles de l'Eglise, 4 vol. in-8 .. 20 fr.

— L'Eglise au moyen âge, 2 volumes in-8 ... 10 fr.

— L'Eglise pendant les quatre derniers siècles, 3 vol. in-8 ... 15 fr.

[Le]s Reines de la main droite [e]t de la main gauche, in-12, [chaqu]e volume ... 3 fr. 50

— Agnès Sorel et la Chevalerie, [1] vol.

— Diane de Poitiers, 1 vol.

— Gabrielle d'Estrées, 1 vol.

— Mademoiselle de la Vallière, [1] vol.

— Madame la marquise de [P]ompadour, 1 vol.

— Madame la comtesse du [B]arry, 1 vol.

— La duchesse de Portsmouth et [l]a Cour galante des Stuarts, [1] vol.

— Aspasie et les Courtisanes [a]théniennes, 1 vol.

— Les Déesses de la liberté, [l]es Femmes de la Convention [e]t du Directoire, 1 vol.

— La comtesse de Parabère et [l]e Palais-Royal sous la Ré[g]ence, 1 vol.

— Les Cours d'amours, les [C]omtesses et Châtelaines de [P]rovence, 1 vol.

— Les Héroïnes de la Ligue et [l]es Mignons de Henri III, 1 [vo]lume.

— [N]inon de l'Enclos et les Pré[ci]euses de la Place-Royale, [1] vol.

— [L]es Bacchantes et les jeunes [pa]triciens sous les Césars, 1 v.

— [L]a Belle Corisande et les ga[la]nteries du Béarnais, 1 vol.

— [L]es Demoiselles de Nesle [e]t les Jeunes amours de [Lo]uis XV, 1 vol.

— [A]nne d'Autriche, reine-ré[ge]nte, et la minorité de [Lo]uis XIV, 1 vol.

CAPEFIGUE (suite).

— Marie de Médicis, 1 vol.

— La grande Catherine, impératrice de Russie, 1 vol.

— La reine vierge Élisabeth d'Angleterre, 1 vol.

— Marie-Thérèse d'Autriche, 1 volume.

— Catherine de Médicis, mère des rois François II, Charles IX et Henri III, 1 vol.

— La Baronne de Krudner et l'Empereur Alexandre Ier, 1 vol.

— La comtesse du Cayla et Louis XVIII, 1 vol.

— La duchesse de Polignac et les Amies de la reine Marie-Antoinette, 1 vol.

— La Favorite d'un roi de Prusse. — La comtesse de Lichtenau, 1 vol.

— La duchesse de Bourgogne et la vieillesse de Louis XIV, 1 vol.

— La marquise du Châtelet et les amies des Philosophes, 1 vol.

Les Fondateurs des grands ordres religieux : chaque volume ... 1 fr. 75

— Saint Ignace de Loyola, 1 v.

— Sainte Thérèse, 1 vol.

— Saint Vincent de Paul, 1 v.

— Saint Bernard, 1 vol.

— Sainte Françoise de Chantal, 1 vol.

— Marie Alcoq, 1 vol.

Les Cardinaux-ministres, chaque volume ... 3 fr. 50

— Le Cardinal Dubois, 1 vol.

— Le Cardinal de Richelieu, 1 vol.

Louis XV et la société du dix-huitieme siècle, 1 volume in-12 ... 3 fr. 50

Louis XVI, 1 vol. in-12. 3 fr. 50

Le maréchal de Richelieu, 1 vol. in-12 ... 3 fr. 50

CAPEFIGUE (suite).

Les Diplomates et Hommes d'État européens, 4 volumes in-8................. 30 fr.

Tome Ier. — Le prince de Metternich. — Le comte Pozzo di Borgo. — Le prince de Talleyrand. — Le duc Pasquier. — Le duc de Wellington. — Le duc de Richelieu. — Le prince de Hardenberg. — Le comte de Nesselrode. — Lord Castlereagh.

Tome II. — Sir Robert Peel. — Le comte Molé. — Le comte Capo d'Istria. — Le comte Rayneval. — Le secrétaire d'État Conzalvi. — M. Guizot. — M. de Gentz et M. Ancillon. — Le comte de Laferronnays. — Le prince de Lieven. — Le duc de Gallo. — Le duc de Broglie. — M. Martinez de la Rosa.

Tome III. — Lord Palmerston. — M. Casimir Périer. — MM. Guillaume et Alexandre de Humboldt. — Le duc Decazes. — Le cardinal Pacca. — M. de Villèle. — Les comtes Kollowrath, d'Apponyi, Ficquelmont et Münch Bellinghausen. — M. de Barante. — Le comte de Toreno. — Les comtes Czernitscheff, Benckendorff, Orloff.

Tome IV. — Le Marquis de Normanby. — Le duc de Mortemart. — Le baron de Thugut et le comte de Stadion. — M. de Martignac. — Le roi Léopold. — Le duc de Bassano. — Le comte d'Aberdeen. — Le maréchal comte Sébastiani. — Les comtes de Loevenhielm. — Le comte de Sainte-Aulaire. — Le marquis de Palmella. — Le roi Frédéric-Guillaume IV — Le pape Pie IX.

François Ier et la Renaissance, 4 vol. in-8............. 20 fr.

Trois Siècles de l'Histoire de France, monarchie et politique des deux branches de la maison de Bourbon, 1548-1848, 2 v. 10 fr.

La Société et les Gouvernements de l'Europe, depuis la chute de Louis-Philippe jusqu'à la présidence de Louis-Napoléon Bonaparte, 4 vol. in-8.. 20 fr.

CAPEFIGUE (suite).

Histoire des grandes Opératio[ns] financières, Banques, Bo[ur]ses, Emprunts, Compag[nies] industrielles, 4 v. in-8. 30

I. Les Fermiers-Généraux, 1 v[ol.]

II. Banquiers. Fournisseurs, A[c]quéreurs de biens nationau[x]. Système de Pitt et Castlereag[h], 1 vol.

III. Opérations d'emprunts et Bourse depuis 1785, 1 vol.

IV. Grandes Opérations fina[n]cières et industrielles, 1 v[ol.]

CAPENDU.

Marthe de Kerven, 1 volu[me] in-12.................. 3 fr.

Le Chevalier de Poulaille[r] 1 vol. in-12......... 3 fr.

Cotillon II, 1 vol. in-12. 3 fr.

Le Comte de Saint-Germai[n] 1 vol. in-12.......... 3 fr.

La Popote, souvenirs militair[es] d'Afrique, 1 v. in-12. 3 fr.

CASTELLANI.

L'Éducation des Vers à soie [en] Chine, 1 vol. in-12, grav. 2 [fr.]

CÉNAC MONCAUT.

Adélaïde de Montfort et l[es] Albigeois, 1 vol. in-12. 3 fr.

Marguerite, histoire du temps [de] saint Louis, 1 v. in-12. 3 fr.

Medella, 1 vol. in-12 . 3 fr.

Jérôme La Friche ou le Pa[y]san gentilhomme.... 1 fr.

L'Espagne inconnue, tour da[ns] les Pyrénées. 1 volume i[n-]12 .... 3 fr.

Histoire des Pyrénées et [des] rapports internationaux de [la] France avec l'Espagne dep[uis] les temps les plus reculés. 5 v[ol.] in-8 .... 25 [fr.]

Histoire de l'Amour dans l'An[ti]quité. 1 vol. in-12.... 3 fr.

Histoire de l'Amour dans [les] temps modernes. 1 volume [in-]12................. 3 fr.

CÉSENA (Amédée de).

Les Césars et les Napoléons, 1 vol. in-8.............. 2 fr. 50

CHANTEPIE.

La Figure féminine au dix-neuvième siècle et l'Esprit de la Dot. 1 vol. in-12..... 3 fr. 50

Salvien, 1 vol. in-12... 3 fr. 50

CHARPENNE.

Histoire de la Réforme et des Réformateurs de Genève, 1 vol. grand in-8........ 8 fr.

CHASLES (Philarète).

Trente années de critique, études littéraires, chaque volume.................. 3 fr. 50

— **Le Moyen âge** et les premiers temps du christianisme. 1 vol.

— **L'Espagne** et l'influence de la littérature espagnole en France et en Italie, 1 volume.

— **La Révolution d'Angleterre** au dix-septième siècle. Olivier Cromwell, sa vie et sa correspondance. 1 vol.

— **Le Seizième siècle en France**, 1 vol.

— **L'Angleterre au dix-neuvième siècle**, 1 vol.

— **L'Amérique au dix-neuvième siècle**, 1 vol.

— **Shakspeare, Marie Stuart et l'Arétin**, 1 vol.

— **L'Allemagne ancienne et moderne**, 1 vol.

— **L'Allemagne au dix-neuvième siècle**, 1 vol.

— **Voyages, Philosophie, Beaux-Arts**, 1 vol

— **Portraits contemporains**, 1 v.

CITÉ NOUVELLE (LA).

Ou le Paris de l'Avenir, 1 volume in-8.............. 3 fr. 50

CLERCQ ET VALLAT.

Guide pratique des Consulats, 2 vol. in-8, troisième édit. 16 fr.

CLERCQ.

Formulaire des Chancelleries diplomatiques et consulaires, suivi du tarif des Chancelleries et du texte des principales lois, 2 volumes in-8, troisième édition.................. 16 fr.

Recueil des Traités conclus par la France avec les Puissances étrangères, depuis 1713 jusqu'à nos jours. 9 volumes grand in-8................. 118 fr.

CORTAMBERT et TRANALTOS.

Histoire de la Guerre civile américaine 1860-1865. 2 vol. in-8, cartes, portraits... 15 fr.

CORAN.

Rimes galantes, poésies. 1 vol. in-8.................. 5 fr.

COUR DE ROME (la)

Et l'empereur Maximilien, avec lettres inédites de l'empereur Maximilien et de l'impératrice Charlotte. 1 vol. in-8...... 2 fr. 50.

COURCELLE-SENEUIL.

Traité théorique et pratique d'Économie politique, nouvelle édition revue et augmentée, 2 vol. in-8........ 15 fr.

CRÉTINEAU-JOLY.

Histoire des trois derniers princes de la maison de Condé. — Prince de Condé. — Duc de Bourbon. — Duc d'Enghien, d'après les correspondances originales et inédites de ces princes. Portraits et autographes, 2 vol. in-8............ 15 fr.

DE CROZE.

Les Guises, les Valois et Philippe II, d'après la correspondance inédite de ces princes, 2 vol. in-8.............. 15 fr.

CUCHEVAL-CLARIGNY.

Histoire de la presse en Angleterre et aux États-Unis, 1 vol................ 3 fr. 50

CURNIER (LÉONCE).

Le Cardinal de Retz et son temps, étude historique et littéraire, 2 vol. in-8 ..... 12 fr.

CUSTINE (MARQUIS DE).

Romuald ou la Vocation, 4 vol. in-8.................... 20 fr.

La Russie en 1839, 4 volumes in-12.................... 14 fr.

CZARTORYSKI (Prince Adam).

Essai sur la Diplomatie, 1 vol. in-8 .... 5 fr.

DELÉCLUZE.

Dante ou la Poésie amoureuse, 1 vol. in-12 .... 3 fr. 50

DELESSERT (ÉDOUARD).

Les Indiens de la baie d'Hudson, promenade d'un touriste, imité de l'anglais, 1 volume in-12................. 3 fr. 50

Toujours tout droit, 1 volume in-12 .... 3 fr. 50

DICKENS (CHARLES).

Contes, traduits par Amédée Pichot, 3 vol. in-12. Chaque volume................. 3 fr. 50

Les Apparitions de Noël (Christmas Carol) 1 volume in-18 jésus.................... 1 fr.

La Bataille de la vie (histoire d'amour), 1 volume in-18 jésus.................... 1 fr.

DICKENS (suite).

Les Carillons (The Chimes). Histoire merveilleuse pour terminer une année et en commencer une autre, 1 volume in-18 jésus...................... 1 fr.

Les Chefs-d'œuvre de Charles Dickens, 1 vol. in-18 jésus. 2 fr.

Le Cricri du foyer, conte domestique en trois cris (The Cricket on the Hearth). 1 volume in-18...................... 1 fr.

L'Homme au spectre ou le Pacte (The Haunted man), conte fantastique, 1 vol. in-18.... 1 fr.

DICKSON (DOCTEUR).

Erreurs des médecins, traduit de l'anglais, 1 vol. in-8..... 8 fr.

DRÉOLLE (ERNEST).

Études de la Tour, peintre de Louis XV, 1 vol in-8.. 2 fr. 50

DUHAMEL (COMTE VICTOR).

Histoire constitutionnelle de la Monarchie espagnole (411-1833) 2 vol. in-8....... 15 fr.

EDWARDS (RICHARD).

La Syrie (1840-1862), 1 vol. gr. in-8................, 8 fr.

EOTHEN.

Relation d'un voyage en Orient, par M. Kinglake, traduit de l'Anglais, 1 vol. in-8....... 5 fr.

ESCAYRAC DE LAUTURE

De la Turquie et des États musulmans en général, 1 vol. in-8.................. 3 fr.

EXCURSION (une) électorale,

Par un habitant de Château-Thierry, 1 vol. in-12... 2 fr.

FANJAT.

Une Adresse illisible, 1 volume in-12 .... 3 fr. 50

FARNÈSE (MAURICE).

Un Marin philosophe, 1 volume in-12................. 3 fr. 50

FAUCHER (LÉON).

Sa vie, sa correspondance. 2 forts volumes in-8...... 15 fr.

FEYDEAU (ERNEST).

Fanny, 1 vol. in-12... 3 fr. 50

Le même, 1 vol. gr. in-8, sur papier de Hollande, tiré à 100 exempl... .... 10 fr.

Daniel, 2 vol. in-12.... 7 fr.

Les quatre Saisons, avec 4 dessins, par Cattenacci, 2e édition, 1 vol in-12 .... 3 fr. 50

FICQUELMONT (COMTE DE).

Lord Palmerston, l'Angleterre et le Continent, 2 volumes in-8 .... 10 fr.

Le Côté religieux de la question d'Orient. L'Église grecque orientale, in-8.. 2 fr. 50

La Politique de la Russie dans les Principautés, 1 vol. in-8. .... 2 fr. 50

FLEURS de POÉSIE ANGLAISE.

Avec la traduction en vers. 1 vol. in-12................... 2 fr.
Harrington. — Sir Philip Sydney. — Lilly. — Spencer. — Carey. — Lovelace. — Cowley. Waller. — Prior. — Atterbury. — Gay. — Gray. — Cowper. — Burns. — Crabbe. — Moore. — Wordsworth.

FOUCHER (PAUL).

Entre cour et jardin, souvenirs de théâtre, 1 vol in-12. 3 fr. 50

FOUDRAS (MARQUIS DE).

Les Échos de l'âme, 1 volume in-8 .... 7 fr. 50

Chants pour tous, 1 volume in-8.................. 5 fr.

Le Décaméron des bonnes gens, 1 vol. in-8............... 5 fr.

Les Gentilshommes d'autrefois, 2 vol. in-8............. 10 fr.

FREGIER.

Solution nouvelle du Problème de la Misère, in-12.... 50 c.

FULLERTON (LADY).

Ellen Middleton, 2 volumes in-8.................. 10 fr.

GAALON DE BARZAY.

La question de Madagascar, 1 vol. in-8. carte..... 2 fr. 50

GALITZIN (prince Emmanuel).

Le Nord de la Sibérie, voyages dans les peuplades de la Russie asiatique et dans la mer Noire, entrepris par ordre du gouvernement russe, 2 vol. in-8. 15 fr.

GALOPPE D'ONQUAIRE.

Hommes et bêtes, physiologies anthropo - zoologiques, in-12................. 3 fr. 50

GARDEN (COMTE DE).

Histoire générale des Traités de Paix depuis la paix de Westphalie, 14 volumes in-8. Cartes. Chaque volume. 7 fr. 50

Code diplomatique de l'Europe ou principes et maximes du droit des gens moderne, tome Ier, première partie, in-8. 4 fr.

Tableau historique de la Diplomatie, ou exposé des faits accomplis de la politique générale depuis l'équilibre européen jusqu'à nos jours........ 5 fr.

GEOFFROY-CHATEAU.

La Farce de Pathelin, 1 volume in-12 .... 5 fr.

GEBEBTZOFF.

Essai sur l'Histoire de la civilisation en Russie, 2 volumes in-8 .... 15 fr.

GISQUET.

L'Égypte, les Turcs et les Arabes, 2 vol. in-8 .... 10 fr.

GONOD.

Lettres inédites de l'abbé de Rancé, 1 vol. in-8 ..... 5 fr.

GRANDGUILLOT.

Dialogues des vivants, 3 séries, chaque .... 2 fr. 50

GREPPI (COMTE DE).

Révélations diplomatiques sur les relations de la Sardaigne avec l'Autriche et la Russie, pendant la première et la dernière coalition, 1 vol. in-8 .... 3 fr.

GRUN.

La Vie publique de Montaigne, 1 vol. in-8 .... 5 fr.

GUIRAUD (BARON).

Cesaire, 1 vol. .... 5 fr.

Cloître de Villemartin, 1 volume .... 5 fr.

Théâtre, 1 vol. .... 5 fr.

HAUSSEZ (BARON D').

Études morales et politiques, 1 vol. in-8 .... 5 fr.

HÉROS (UN).

Histoire contemporaine, 1 vol. in-12 .... 3 fr. 50

HERVEY St-Denys (marquis d').

La Chine devant l'Europe, in-8, carte .... 2 fr. 50

Histoire de la Révolution dans les Deux-Siciles, depuis 1789, 1 vol. in-8 .... 5 fr.

Insurrection de Naples, en 1647, 2 vol. in-8 .... 10 fr.

Poésies chinoises de l'époque des Thang, traduites pour la première fois en français avec une étude sur l'art poétique en Chine et des notes explicatives, 1 vol. in-8 .... 7 fr. 50

HOLINSKI.

L'Équateur, scènes de la vie sud Américaine, 1 vol. in-12. 3 fr. 50

HUDSON LOWE.

Histoire de la captivité de Napoléon à Sainte-Hélène, 4 volumes in-8 .... 20 fr.

HUMBERT (AUGUSTE).

Pierre Ladronneau à la recherche des loyers à bon marché, 1 vol. in-12 .... 3 fr. 50

INTERVENTION.

Française au Mexique, avec des documents inédits et un mémoire de Maximilien à Napoléon III. Préface par Clément Duvernois. 1 volume in-8 .... 7 fr. 50

ISRAELI.

La Jeune Angleterre (Coningsby), 2 vol. in-8 .... 10 fr.

Les Deux Nations (Sibylle), 2 vol. in-8 .... 10 fr.

JANIN (JULES).

Clarisse Harlowe, 2 vol. . 7 fr.

Le Gâteau des Rois, in-12 1 fr.

Pline le Jeune et Quintilien, 1 vol. in-8 .... 5 fr.

JEANNE DE VAUDREUIL.

1 vol. in-12.......... 3 fr. 50

JERCEY (MARQUIS DE).

Les Maisons de jeux ruinées par les joueurs, 1 volume in-12.............. 3 fr. 50

JOLLY.

Histoire du Mouvement intellectuel au dix-huitième siècle, 2 vol. in-8........ 10 fr.
Ouvrage couronné par l'Académie française.

LABLANCHÈRE (H. DE).

La photographie des Commençants, 1 vol. in-8, 40 gravures.................. 3 fr. 50

L'Art du photographe, 1 vol. in-8, 33 gravures....... 5 fr.

Monographie du Stéréoscope, 1 vol. in-8, 65 gravures.. 5 fr.

Répertoire encyclopédique de photographie, 6 vol. in 8, 270 gravures, chaque....... 6 fr.

LACOMBE (FRANCIS).

Histoire de la Monarchie en Europe, 4 vol. in-8.... 20 fr.

Histoire de la Bourgeoisie de Paris, 4 vol. in-8....... 20 fr.

LACRETELLE.

Histoire du Consulat et de l'Empire, 6 vol. in-8....... 30 fr.

LAFON (JULES).

Histoire des Brûlots d'Aix, 2 vol. in-8.......... 10 fr.

LA FORGE (ANATOLE DE).

La peinture contemporaine en France, 1 vol. in-8..... 5 fr.

Des vicissitudes politiques de l'Italie dans ses rapports avec la France, 2 vol. in-8.. 10 fr.

LAGUÉRONNIÈRE (Vte de).

Napoléon III. Étude politique, 1 vol. in-12......... 3 fr. 50

LA MADELEINE.

Théories complètes du Chant, 1 volume in-8......... 3 fr. 50
Ouvrage approuvé par l'Institut et le Conservatoire de musique.

LAURENT (PAUL).

La Guerre du Mexique (1862 à 1866). Journal de marche du 3e Chasseurs d'Afrique. Notes intimes écrites au jour le jour. 1 volume in-12...... 3 fr. 50

LAVERGNE (ALEXANDRE DE).

Ruines historiques de France, 1 vol. in-12......... 3 fr. 50

La Famille Marsal, 1 volume in-12.......... 3 fr. 50

L'Ut de poitrine, 1 vol. 3 fr. 50

LE BRUMENT (DOCTEUR).

De la Nutrition comme source unique de la santé et de la maladie, 1 volume in-12... 5 fr.

LEFÈVRE-DEUMIER

Le Couvre-feu, poésies, 1 vol. in-8 tiré à 100 exemplaires. 5 fr.

Le Livre du Promeneur ou les Mois et les Jours, in-12 gravures............ 3 fr. 50

Célébrités d'autrefois, 1 volume in-12.............. 3 fr. 50

LEFEBVRE (ARMAND).

Histoire des Cabinets de l'Europe pendant le Consulat et l'Empire (1800-1815), avec une Notice par M. Sainte-Beuve et complétée par M. Ed. Lefebvre de Béhaine, 5 vol. in-8. 37 fr. 50

LERMINIER.

Histoire des Législateurs et des Institutions de la Grèce antique, 2 vol. in-8 ...... 10 fr.

LE ROY DUPRÉ (DOCTEUR).

Guide hygiénique et médical des Familles, un volume in-12 .... 3 fr. 50

LEJEAN (GUILLAUME).

Théodore II et l'Empire d'Abyssinie, 1 v. in-12, avec le portrait de l'empereur Théodore. 3 fr. 50

LOUET.

L'Expédition de Syrie, Beyrouth, le Liban, Jérusalem (1858-1859), par le payeur du corps expéditionnaire français en Syrie, 1 vol. in-8.......... 6 fr.

MARY LAFON.

Histoire d'une Ville protestante, (histoire de Montauban), 1 volume in-8 .... 5 fr.

MATTER.

État moral, politique et littéraire de l'Allemagne, 2 vol. in-8.................. 10 fr.

Lettres et pièces rares, inédites ou rarissimes des personnages éminents dans la littérature et la politique du dixième au dix-huitième siècle. 1 vol. in-8. 5 fr.

MAZZINI (ANDRÉ-LOUIS).

De l'Italie dans ses rapports avec la liberté et la civilisation modernes, 2 vol. in-8..... 15 fr.

MÉNEVAL (BARON),
secrétaire de l'Empereur.

Napoléon et Marie-Louise, souvenirs historiques, 4 volumes in-8.................. 25 fr.

MERLIN (COMTESSE).

La Havane, 3 vol. in-8 .. 15 fr.

Les Lionnes de Paris, 2 volumes in-8.................... 10 fr.

MESNARD.

La Divine Comédie de Dante, texte et traduction, 3 vol. grand in-8.............. 22 fr. 50

MESTSCHERSKI (prince Élim).

Les Poëtes russes, avec notices biographiques sur chaque poëte, 2 vol. in-8............. 10 fr.

Les Roses noires, poésie, 1 vol. in-8 .... 5 fr.

MISSIONNAIRE (UN).

Républicain en Russie. 3 vol. in-8 .... 15 fr.

MOLAND (LOUIS).

Le Veuvage, nouvelle, 1 volume in-12.................. 3 fr. 50

MONIER DE LA SIZERANNE.

Marie-Antoinette, poëme, 1 vol. in-8, portrait........ 3 fr. 50

MONTARAN (BARONNE DE).

Mes Loisirs, 2 vol. in-8.. 10 fr.

MONTFERRIER.

Encyclopédie Mathématique ou Exposition complète de toutes les branches des mathématiques, 4 vol. gr. in-8. Figures. 36 fr.

MULLER (EUGÈNE).

Véronique, 1 vol. in-12. 3 fr. 50

NAUDÉ (MAURICE).

Carmagnole ou les Aventuriers, 1 vol. in-12.......... 3 fr. 50

MURET (THÉODORE).

L'Histoire par le Théâtre (1789-1851).

1re série. — La Révolution, le Consulat, l'Empire, un volume in-12............... 3 fr. 50

2e série. — La Restauration, 1 vol. in-12 .... 3 fr. 50

3e série. — Le Gouvernement de Juillet et la Seconde République, 1 volume in-12. 3 fr. 50

NISARD (CHARLES).

Mémoires du Père Garasse, in-12................ 3 fr. 50

Les Ennemis de Voltaire, 1 vol. in-8...................... 5 fr.

Le Triumvirat littéraire, Juste Lipse, Joseph Scaliger et Isaac Casaubon, 1 vol. in-8 ... 5 fr.

Histoire des Livres populaires ou de la littérature du colportage depuis le quinzième siècle jusqu'à nos jours, 2 gros volumes grand in-8, gravures... 20 fr. Ouvrage presque entièrement épuisé.

NITOT (AUGUSTE).

Dans un fauteuil, nouvelles, 1 vol. in-12.......... 3 fr. 50

Loin du bruit, nouvelles, 1 vol in-12................ 3 fr. 50

NOAILLES (MARQUIS DE).

La Pologne et ses Frontières, 1 vol. in-8 .... 3 fr.

OLLIFFE (CHARLES).

Scènes Américaines, Dix-huit mois dans le Nouveau-Monde, 1 vol. in-12............. 4 fr.

Scènes Écossaises, 1 volume in-18.................. 2 fr.

PÉPÉ (GÉNÉRAL).

Mémoires sur les principaux événements politiques et militaires de l'Italie moderne, 3 vol. in-8............ 15 fr.

PLANCHE (GUSTAVE).

Nouveaux Portraits littéraires, 2 vol. in-12............. 7 fr.

PONSON DU TERRAIL.

Les Chiens de chasse, 1 vol. in-12................ 3 fr. 50

POUJOULAT.

Histoire de Constantinople et de l'Empire ottoman, 2 vol. in-8, cartes........... 10 fr.

RACINE.

Études inédites sur la littérature, la morale et l'histoire, in-8 .... 5 fr.

RAMÉE (DANIEL).

Histoire générale de l'Architecture, 2 volumes grand in-8, 700 gravures .. .. 36 fr.

Histoire de la Locomotion en général depuis l'antiquité. in-12 .... 3 fr. 50

RANCÉ (ABBÉ DE).

Lettres inédites, publiées par M. Gonod, 1 vol. in-8 ... 5 fr.

RATISBONNE (LOUIS).

Auteurs et livres, 1 volume in-12................ 3 fr. 50

RAUDOT.

De la Décadence de la France, 1 vol. in-8.... ...... 2 fr. 50

De la Grandeur possible de la France, 1 vol. in-8...... 5 fr.

RECHERCHES

Sur l'art de parvenir, par un contemporain, 1 volume in-8, 7 fr. 50

RENÉE (AMÉDÉE).

Les Princes militaires de la maison de France, contenant les états de service et les biographies de près de 300 princes, depuis Robert le Fort jusqu'à la Révolution française, 1 vol. gr in-8, écussons .... 15 fr.

RÊVES (LES)

Et les moyens de les diriger. Observations pratiques, 1 v. in-8, illustrations par Cham. 7 fr. 50

RÉVILLON (TONY).

Les Bacheliers, 1 vol. ... 3 fr.

Le Monde des Eaux, 1 volume in-12 .... 3 fr. 50

REYNAUD (JACQUES).

Portraits contemporains, 2 vol. in-12 .... 7 fr.

RIVAS (DUC DE).

Insurrection de Naples en 1647, étude historique. Traduit de l'espagnol par le marquis d'Hervey Saint-Denis, 2 vol. in-8. 10 fr

---

RODIER (CH.).

De l'antiquité des races humaines, 1 vol. in-8 (2e éd.), 7 fr. 50.

RUSSELL-KILLOUGH
(Comte Henry).

Seize mille lieues à travers l'Asie et l'Océanie, voyage exécuté pendant les années 1858 à 1861, 2 vol. in-12 .... 7 fr.

SAINT-FÉLIX (JULES DE).

Les Amoureux de la Comtesse, 1 vol. in-12 .... 3 fr. 50

---

1 **SAINT-MARC GIRARDIN.**

Souvenirs de Voyages et d'Études, 2 vol. in-12...... 7 fr.

SAINT-PRIEST (comte de).

Histoire de la Chute des Jésuites au dix-huitième siècle, 1 vol. in-12 .... 3 fr. 50

Histoire de la Conquête de Naples, par Charles d'Anjou, frère de saint Louis, 4 v. in-8. 20 fr.

Histoire de la Royauté considérée dans ses origines jusqu'à la formation des principales Monarchies de l'Europe, 2 volumes in-8 .... 10 fr.

SAYOUS.

Mémoires de Mallet du Pan, 2 vol. in-8........... 12 fr.

Le Dix-huitième siècle à l'étranger. Histoire de la Littérature Française dans les divers États de l'Europe, depuis la mort de Louis XIV jusqu'à la Révolution française, 2 forts volumes in-8. .... 15 fr.
Ouvrage couronné par l'Académie française (prix Bordin).

SEILHAC (COMTE DE).

L'abbé Dubois, premier ministre de Louis XV, d'après les mémoires manuscrits de l'abbé d'Espagnac, accompagnés de lettres inédites écrites par la mère du Régent et des papiers nombreux de la famille Dubois, 2 vol. in-8. Portrait..... 12 fr.

Le Maréchal de Saxe, 1 vol. in-12. Portrait......... 3 fr. 50

SOULT (MARÉCHAL).

Mémoires publiés par son fils, le duc de Dalmatie. — Histoire des guerres et de la Révolution, 3 vol. in-8 et atlas..... 25 fr.

STRATEN-PONTHOZ
(comte Auguste van der).

Le Budget du Brésil, ou recherches sur les ressources de cet Empire dans leurs rapports avec les intérêts européens du commerce et de l'émigration. 3 vol. grand in-8 .... 24 fr.

TARDIF DE MELLO.

Histoire intellectuelle de la Russie, 1 vol. gr. in-8.. 4 fr.

TESTA (BARON DE).

Recueil des Traités conclus par la Turquie avec les puissances étrangères depuis les premières capitulations jusqu'à nos jours. Tomes 1, 2 et 3 ..... 37 fr. 50
L'ouvrage formera environ 8 volumes grand in-8, format des Archives diplomatiques.

TÉTOT.

Répertoire des Traités de paix, de commerce, d'alliance, etc., conventions et autres actes conclus entre toutes les puissances du globe, principalement depuis la paix de Westphalie jusqu'à nos jours. Table générale des recueils de Dumont, Wenck, Martens, Murhard, Samwer, Clercq, Léonard, Angeberg, Lesur, Herslet, Neumann, Testa, Calvo, Elliot, Cantillo, etc., etc., donnant l'indication du volume et de la page du recueil où se trouve le texte de chaque traité.

1re partie : partie chronologique (1493-1866), 1 volume grand in-8............... 12 fr. 50

2e partie : par ordre de puissances. Partie alphabétique, 1 vol. gr. in-8...... 12 fr. 50
Format des Archives diplomatiques.

TRÉGAIN.

Histoire du Royaume des Deux-Siciles, 1 v. in-8, carte.. 5 fr.

VALERY.

Curiosités et Anecdotes Italiennes, 1 vol. in-8... 7 fr. 50

Science de la Vie, ou principes de conduite religieuse, morale et politique, extraits et traduits d'auteurs italiens, 1 v. in-8. 5 fr.

VATOUT.

Souvenirs historiques des résidences royales de France.
1° Le Palais-Royal, in-8.. 5 fr.
2° Fontainebleau, in-8... 5 fr.
3° Château d'Eu, in-8... 5 fr.
4° Palais de St-Cloud, in-8. 5 fr.
5° Palais de Compiègne, in-8.................... 5 fr.
6° Château d'Amboise, in-8. 5 fr.

VATTIER.

Galerie des Académiciens, Portraits littéraires et artistiques, 3 vol. in-18, à.......... 2 fr.

VIDAILLAN.

Histoire des Conseils du Roi depuis l'origine de la monarchie, 2 vol. gr. in-8 ... 10 fr.
Ouvrage couronné par l'Académie française.

VIEL-CASTEL (Cte Horace de).

Familles historiques de France, Archambaud de Comborn, 1 vol. in-8.................. 5 fr.

VIENNET.

Fables nouvelles, 1 volume in-12................ 3 fr. 50

Épître à tout le monde, in-8............... 50 c.

VIGNON (CLAUDE).

Minuit, récits de la vallée, 1 vol. in-12............ 3 fr. 50

WEIL (ALEXANDRE).

Que deviendront nos filles ? 1 vol. in-12............ 2 fr.

Mon Fils, ou le nouvel Émile, 1 vol. in-8............ 6 fr.

Frohny, histoire de village, 1 vol. in-12 avec gravures... 3 fr. 50

Moïse et le Talmud, 1 volume in-8.................. 7 fr. 50

WEISS (SIEGFRIED).

Code du Droit maritime international, tel qu'il existe chez les nations en temps de paix et en temps de guerre, depuis les temps les plus reculés jusqu'à nos jours, selon l'école historique et tel qu'il devrait exister chez les nations en temps de paix et en temps de guerre, selon l'école du droit naturel des gens, 2 vol. in-8 ...... 16 fr.

WRANGELL (AMIRAL).

Le Nord de la Sibérie, voyage dans les peuplades de la Russie asiatique, entrepris par ordre du gouvernement. Traduit du russe par le prince Emmanuel Galitzin, 1 vol. in-8 .... 15 fr.

WRONSKI (HOENÉ).

Développement progressif et but final de l'humanité, 1 vol. in-8 .... 7 fr. 50

Historiosophie ou science de l'histoire, 2 vol. in-8... 10 fr.

Tableau de la philosophie de l'histoire, depuis l'origine du monde jusqu'à son terme final .... 6 fr.

'ableau de la philosophie de la Politique, in-8......... 5 fr.

'table science nautique des ...és, in-4.......... 5 fr.

Sec... politique de Napoléon, 1 v... in-8........... 2 fr. 50

Le fau... Napoléonisme, 1 vol. in-8......... 2 fr. 50

WRONSKI (suite).

Adresse aux Nations slave... les destinées du monde, ... 2 fr

Adresse aux Nations civili... sur leurs sinistres désordres ...volutionnaires, in-4. ....

Épître au prince Czartoryski l s destinées la Pologne et ...néralement sur les destinées ... nations slaves, in-4....... 2

Dernier appel aux hommes su...rieurs de tous les pays, p... mettre fin au désordre rév...tionnaire du monde civilisé, appel spécial au Gouvernem... français, suivi de predicti... scientifiques sur l'avenir pol...que de l'Europe, in-4. 2 fr.

Les Cent pages décisives p... l'empereur de Russie, i... 2 fr.

Épître à Sa Majesté l'empere... de Russie. Explication défi...tive de l'Univers physique ... moral, in-4 .... 2 fr.

Épître secrète à Louis-Na...léon sur les destinées de ... France et généralement ... monde civilisé dans l'Occide... in-4............... 2 fr.

Document historique secret ... la révélation des destinées p...videntielles des Nations slaves des destinées actuelles du Mon... par l'opposition historique, p...losophique, religieuse et pol...que entre l'Occident et l'Orie... entre l'Ancien monde civili... et le Nouveau monde éclai... in-4 2

0055. — Imprimerie générale de Ch. Lahure, rue de Fleurus, 9, à Paris.

COLLECTION CAP...

MADAME DE MONTESPAN et les splendeurs de Versailles, 1 vol.........
LA MARQUISE DU CHATELET et les amies des Philosophes, 1 vol.........
LA DUCHESSE DE BOURGOGNE, Adélaïde de Savoie, et la vieillesse de Louis XIV, 1 vol.........
LA COMTESSE DE LICHTENAU, la favorite d'un roi de Prusse, 1 vol.........
LA COMTESSE DU CAYLA et les salons du Faubourg Saint-Germain, 1 vol. in-12.........
LA BARONNE DE KRUDNER et Alexandre Ier, 1 vol.........
LA DUCHESSE DE POLIGNAC et les amies de la Reine, 1 vol.........
L'IMPÉRATRICE MARIE-THÉRÈSE, roi de Hongrie, 1 vol.........
ÉLISABETH D'ANGLETERRE, 1 vol.........
CATHERINE DE MÉDICIS, 1 vol.........
MARIE DE MÉDICIS, 1 vol.........
ANNE D'AUTRICHE, 1 vol.........
CATHERINE II DE RUSSIE, 1 vol.........
ASPASIE et les Courtisanes athéniennes, 1 vol.........
AGNÈS SOREL et la Chevalerie, 1 vol.........
DIANE DE POITIERS, 1 vol.........
GABRIELLE D'ESTRÉES, 1 vol.........
LA DUCHESSE DE PORTSMOUTH et la Cour galante des Stuarts, 1 vol.........
Mlle DE LA VALLIÈRE et les Favorites des trois âges de Louis XIV, 1 vol.........
LA COMTESSE DE PARABÈRE et le Palais-Royal sous la Régence, 1 vol.........
LA MARQUISE DE POMPADOUR, 1 vol.........
LA COMTESSE DU BARRY, 1 vol.........
LES DÉESSES DE LA LIBERTÉ, les Femmes de la Convention et du Directoire, 1 vol.........
LES COURS D'AMOUR et les Comtesses de Provence, 1 vol
NINON DE L'ENCLOS et les Précieuses de la place Royale, 1 vol.........
LES HÉROÏNES DE LA LIGUE et les Mignons de Henri III, 1 vol.........
LES BACCHANTES et les Jeunes Patriciens de Rome sous les Césars, 1 vol.........
MESDEMOISELLES DE NESLE et la Jeunesse de Louis XV, 1 vol.........
LA BELLE CORISANDE et les galanteries du Béarnais, 1 vol
LOUIS XV, 1 vol.........
LE MARÉCHAL DE RICHELIEU, 1 vol.........
LOUIS XVI, 1 vol.........
LE CARDINAL DUBOIS, 1 vol.........
LE CARDINAL DE RICHELIEU, 1 vol.........

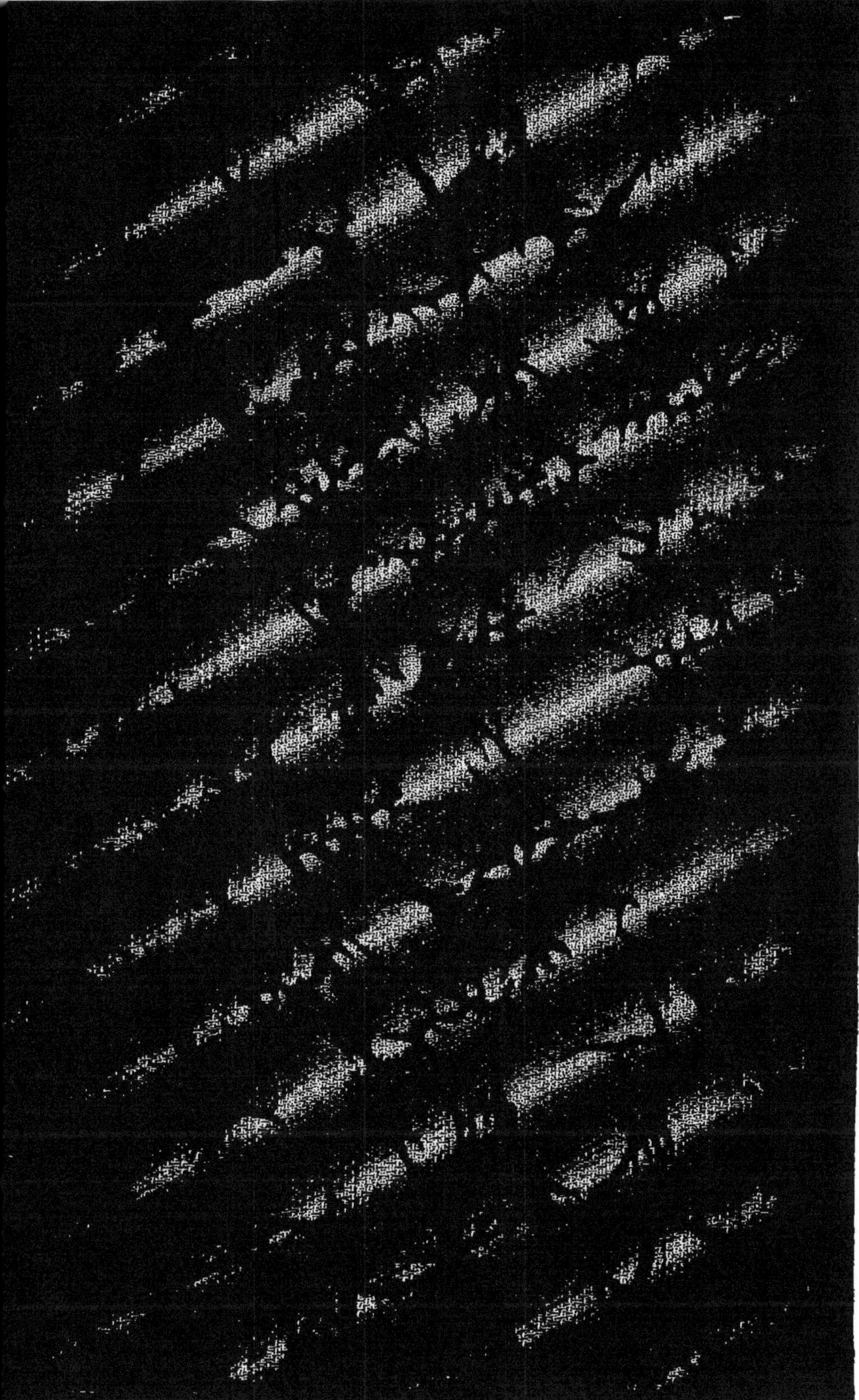

www.ingramcontent.com/pod-product-compliance
Ingram Content Group UK Ltd.
Pitfield, Milton Keynes, MK11 3LW, UK
UKHW020205250726
13967UKWH00003B/1280

9 782012 866836